W0095266

Kürbis du gelber Gesell

Kürbis

du gelber Gesell

Verlag für die Frau · Leipzig

Kürbis, du gelber Gesell: e. Kochbüchlein[Erarb.:
Oda Tietz. Ill.: Jutta Hellgrewe]. – 1. Aufl. – Leipzig:
Verlag für die Frau, 1989. – 96 S.: 9 Ill. (farb.)
ISBN 3-7304-0213-7
NE: Tietz, Oda [Erarb.]

Herausgeber:
Verlag für die Frau, Leipzig
Erarbeitung: Oda Tietz
Typografie: Hannelore Reinhardt-Fischer, Leipzig
Illustrationen: Jutta Hellgrewe, Leipzig
© Verlag für die Frau, DDR-Leipzig 1989
Druckgenehmigungsnummer: 126/405/25/89
Gesamtherstellung: Offizin Andersen Nexö,
Graphischer Großbetrieb, Leipzig
Betrieb der ausgezeichneten Qualitätsarbeit
Printed in the German Democratic Republic
LSV 9229
Bestellnummer: 673 269 6
01150

Ein **Kürbis** bittet zu Tisch

- als lieblicher Salat 13
- knusprig gebraten oder gebacken 21
- mit raffiniertem Innenleben 35
- vielfältig als Hauptgericht 47
- als zarte Garnierung 73
- als Torte zum Kaffee 85
- mit Tips und bunten Versen 91

Die mit dem Symbol ❖ gekennzeichneten Rezepte wurden historischen Kochbüchern entnommen.

6

Also, das hat er nun nicht verdient, der gelbe Gesell,

daß man ihn so übersieht – trotz seiner immerhin beachtlichen Größe! Wäre der Kürbis nicht von Natur aus gelb, könnte man annehmen, er hätte sich gelb geärgert. Grund dazu gäbe es, denn man läßt ihn heutzutage viel zu selten in die Küche. Zwar spielt er in manchem Garten die Rolle eines Monstrums – es werden Gewichte von einem Zentner und mehr gemeldet –, aber seine kulinarischen Eigenschaften schätzt man gering.

7

Dabei ist der Kürbis eine sehr gesunde Frucht, kalorienarm und daher figurfreundlich, vitamin- und mineralstoffreich und – leicht verdaulich. Es lohnt sich also, den ins Abseits gedrängten gigantischen Gesellen für den Mittags- und Abendbrottisch oder für die Kaffeetafel neu zu entdecken, denn so vielfältig wie seine Gestalt sind auch seine Zubereitungsarten.

Kürbisse haben wenig Aroma, bestehen zu über 90 Prozent aus Wasser und sind auf kräftige Würze angewiesen. Aber gerade darum sind sie so vielfältig verwendbar: in süßen wie in salzigen Gerichten, mit frischen und säuerlichen Zutaten, pikanten bis scharfen Gewürzen oder sanft und milde mit Kräutern und Zucker.

Kürbis wird als Gemüse geschmort, in Scheiben gebacken, zu Püree und Suppe, mit anderen Gemüsen gemischt, verarbeitet. Er schmeckt als Nachtisch mit Weinessig, Zucker und süßen Mandeln oder wird mit Lamm, Rosinen`und Mandeln, gewürzt mit Zimt und Ingwer zu einem Märchengericht. Mit Dill und saurer Sahne bekommt der Kürbis eine ganz andere Note und paßt besonders gut zu Schweinebraten. Ein Glas voll selbsteingelegten Kürbis sollte jeder griffbereit stehen haben. Kürbis-Kompott wird durch die Kombination von

8

Essig und Zucker, gewürzt mit Vanille oder Orange, haltbar und ist eine ideale Beilage für viele Gerichte: zu Bratkartoffeln, Milchreis, Vanillepudding, zu Steak und Braten.

Der gelbe Gesell hat viele Geschwister, Vettern und Cousinen. Darunter Riesen und Zwerge, runde und längliche, geradegewachsene, flachgedrückte, sechskantige oder keulenförmige, gelbe und grüne, gestreifte und glattschalige.

Zu den beliebtesten Verwandten in der großen Familie der Kürbisgewächse – es gibt nahezu 850 verschiedene Arten – gehören die Melone, die Gurke, der Zucchini und die wie kleine fliegende Untertassen anmutenden, zartmarmorierten Patissonkürbisse. Sie alle schmecken großartig, wenn man mit ihnen umzugehen weiß und die Geheimnisse der Rezepte kennt. Dann werden sie zu einem Genuß, zart wie Flaum, und zergehen auf der Zunge.

Wer wird nicht neugierig bei Gerichten wie gegrillte Kürbisspalte, Kürbistorte mit Zimt und Ingwer, Zucchini mit Kartoffelnocken, Melone mit Rettich und Pfefferschotensoße?

Kürbisse wachsen mit erstaunlicher Schnelligkeit. Wer sie im eigenen Garten zieht, weiß um dieses Wunder! Ein knappes halbes Jahr genügt, um aus einem mandelförmigen, zwei

Zentimeter großen Kern eine Pflanze mit meterlangen Ranken und zahlreichen üppigen Blättern wachsen zu lassen, in deren Schutz die Frucht heranreift. Diese Riesenfrucht ist übrigens – botanisch gesehen nach Aufbau und Struktur – eine Beere, wie die Stachel- und Johannisbeere!

Trotz ihrer Üppigkeit ist die Pflanze anspruchslos; sie braucht keine tropischen Temperaturen, sondern begnügt sich mit einem mitteleuropäischen Sommer. Frost mag sie allerdings nicht, da sinkt die ganze Pracht welk in sich zusammen.

Ausgereifte Kürbisse kann man an einem kühlen, trockenen Ort bis weit in den Winter aufbewahren: jeden einzeln für sich, luftig, am besten auf einem Lattengestell. Bei Verwendung wird der Kürbis mit einem großen, scharfen Messer in Segmente geschnitten und zwar vom Stiel zum Blütenansatz. Danach kratzt man Kerne und das weiche, faserige Innere heraus. Anschließend werden die einzelnen Stücke geschält und weiterverarbeitet, wie es das Rezept erfordert.

Die Kürbiskerne kann man übrigens auch essen, nachdem man die Schalen, ähnlich wie bei Sonnenblumenkernen, geknackt hat. Die

10

Kerne schmecken süßlich-nußartig und können anstelle von Mandeln verwendet werden. Sie sind vor allem bei Kindern eine beliebte Knabberei. Auch getrocknet schmecken sie. Man legt die Kerne auf ein Backblech und trocknet sie im Backofen bei leichter Temperatur ein bis zwei Stunden. Die dünne Schale läßt sich leicht mit den Fingern entfernen. In dunkle Gläser gefüllt oder lichtgeschützt und trocken aufbewahrt, halten sich die Kerne mehrere Wochen.

Geben wir dem gelben Gesellen, diesem Sinnbild von Kraft und Gesundheit, eine Chance! Küssen wir ihn wach, so wie es einst Oberon, der König der Elfen, dieser Feinschmecker besonderer Art, tat: Er küßte eine großen, gelben Kürbis und dieser sprach: „Ach, lieber Herr, was tut Ihr Gutes mit mir? Ich war immer nur zum Anschauen da, in der Küche bin ich ein Fremdwort. Erlöst mich!" Erlösen auch wir ihn, gönnen wir ihm endlich den Küchentriumph, den er verdient!

Und auch das ist gewiß: Er benimmt die Traurigkeit, die do kompt von der Melanchcoly, er machet lustig noch am sellbigen Tag und bey der Nacht!

12

Ein **Kürbis** bittet zu Tisch
– als lieblicher Salat

Nach dieser freundlichen Aufforderung sollten
Sie es einmal mit folgendem Salatrezept aus
Großmutters Kochbuch versuchen:
Zucchetti oder Spargelkürbisse werden halbreif abgenommen, geschält, in Salzwasser gekocht, dann zu Würfeln oder blättrig geschnitten und mit Essig und Öl, Salz und Pfeffer ange-
macht.

13

Kürbissalat

375 g Kürbis, 2 Gewürzgurken, 1 Zwiebel, Salz, 2 Eßl. gehackte Petersilie, 3 bis 4 Eßl. Öl, Essig, Paprika, 3 bis 4 Tomaten.

Den Kürbis mit dem Gurkenhobel zerkleinern, die Gurken in Würfel schneiden, die Zwiebel reiben und alles vermischen. Mit den restlichen Zutaten gut verrühren, mit Tomate garnieren.

Zucchini-Salat mit Schnittlauch

800 g Zucchini, 2 Zwiebeln, 2 Eßl. Öl, $\frac{1}{2}$ Zitrone, $\frac{1}{8}$ l Joghurt, 2 Eßl. Mayonnaise, Salz, Pfeffer, Zucker, 1 Knoblauchzehe, 1 Bund Schnittlauch.

Die Zucchini waschen, in Scheiben schneiden. Zwiebelwürfel und Zucchinischeiben in Öl andünsten. Einen Eßlöffel Zitronensaft zugeben und bei schwacher Hitze 10 Minuten dünsten. Zwischendurch die Zucchinischeiben wenden. Dann auf einer Platte anrichten und abkühlen lassen. Joghurt mit Mayonnaise, Salz, Pfeffer, Zucker, zerdrücktem Knoblauch, restlichem Zitronensaft und Schnittlauchröllchen verrühren. Über die Zucchini gießen.

Zucchini-Salat

1 Kopf Salat, 2 kg gekochte Zucchini, 2 Eßl. Essig, 2 Eßl. Öl, Pfeffer, Salz, Majoran, 1 Prise Zucker.

Salat waschen, in kleine Stücke reißen, mit den kleingeschnittenen Zucchini mischen, Essig, Öl und Gewürze verquirlen, über den Salat gießen, vorsichtig mischen.

Zucchini-Melonensalat

400 g Zucchini, 500 g Wassermelone oder Honigmelone, 1 Zitrone, Zucker, Salz, frisch gemahlener Pfeffer.

Von den Zucchini Stiel- und Blütenansatz entfernen. Zucchini waschen, dann der Länge nach in hauchdünne Scheiben schneiden, Melone in Viertel schneiden, entkernen und aus dem Fruchtfleisch mit einem Kugelausstecher Bällchen ausstechen, oder das Fruchtfleisch in Würfel schneiden, dabei den Saft auffangen, Zucchini und Melone anrichten. Zitronen- und Melonensaft mit Zucker, Salz und Pfeffer verrühren. Über den Salat gießen und durchziehen lassen.

15

Melonensalat mit Speck

1 Melone, 150 g Speck, 200 g bunte Paprikafrüchte, 200 g Gewürzgurke, 2 Zwiebeln.
Für die Soße:
Öl, Essig, etwas Zucker, 1 Prise Salz, Pfeffer, Senf.

Die Melone quer durchschneiden und aus einer Hälfte eine Schüssel schneiden. Dafür das Fruchtfleisch bis auf 2 cm herausnehmen. Den Rand mit einer Zuckerkante versehen. Das von den Kernen befreite Melonenfleisch in Stücke schneiden, mit den gebratenen Speckwürfeln, Paprikastückchen, Gurkenwürfeln und feingehackten Zwiebeln vorsichtig mischen. Den Salat in der „Melonenschüssel" anrichten. Aus zwei Teilen Öl, 1 Teil Essig, 1 Teil Wasser, Zucker, Salz, Pfeffer und Senf eine Salatsoße bereiten und über den Salat gießen. Kalt stellen.

Melonensalat

$\frac{1}{2}$ Broiler, 600 g Melone, 2 Birnen, 150 g Goudakäse, $\frac{1}{4}$ l Joghurt, 1 Eßl. Sherry, $\frac{1}{2}$ Zitrone, Salz, Zucker.

Broiler- und Fruchtfleisch in Würfel schneiden. Geschälte Birnen und Käse ebenfalls in Würfel schneiden, Joghurt mit Sherry, Zitronensaft, Salz und Zucker abschmecken. Mit den Salatzutaten vermischen.

Dazu Toastbrot reichen.

Gurkensalat mit Lauchzwiebeln

1 Salatgurke, 2 Bund Lauchzwiebeln, 1 Zweig Majoran, 6 Eßl. Öl, 2 Eßl. Senf, 1 Eßl. Zucker, Salz, 1 Knoblauchzehe.

Gurke schälen und in grobe Würfel schneiden. Lauchzwiebeln putzen, waschen und in Stücke schneiden. Majoran abspülen, trockentupfen und die Blättchen abzupfen. Öl mit Senf, Zucker, Salz und zerdrücktem Knoblauch verrühren. Alle Salatzutaten anrichten und mit der Soße übergießen.

Melone mit Rettich und Pfefferschotensoße

Je 1 kleine rote und grüne Pfefferschote, 250 g Rettich, $\frac{1}{8}$ l Weißwein, Salz, Pfeffer, 3 Eßl. Öl, 1 Melone.

Die Pfefferschoten putzen, entkernen, waschen und in kleine Würfel schneiden. Rettich

17

schälen und grob raspeln. Den Weißwein mit Salz und Pfeffer verrühren. Öl zufügen, Pfefferschoten und Rettich untermischen. Die Melone halbieren und die Kerne mit einem Eßlöffel ausschaben. Die Melonenhälften in je 5 Spalten teilen und mit der Soße übergießen.

Gurkensalat mit Sahne

400 g frische grüne Gurken, $\frac{1}{8}$ l saure Sahne, Zucker, Salz, Essig, 1 Eßl. gewiegter Dill.

Die geschälten Gurken in dünne Scheiben schneiden. Die Sahne mit Salz, Zucker und Essig gut verrühren. Die Gurken in einer Salatschüssel mit der Sahne anrichten. Mit gewiegtem Dill bestreut servieren.

Salat aus sauren Gurken

400 g saure Gurken, 60 g Zwiebeln, $\frac{1}{2}$ Eßl. Senf, Öl, Zucker, Dill, Petersilie, Schnittlauch.

Die geschälten Gurken in Würfel schneiden. Die Zwiebeln schälen und ebenfalls in feine Würfel schneiden. Aus Senf, Öl und Zucker eine Marinade bereiten. Alle Zutaten gut vermischen und mit den Gurken vermengen. Mit gewiegten Kräutern bestreuen.

18

❧ Melonen in Zucker

Zutaten: 1 ¼ Pfd. Melonen, 3 Tassen Wasser, 1 Tasse Essig, 1 Pfd. Zucker, 10 Gewürznelken, ½ Stange Zimmet, 1 Zitrone.

Zubereitung: Man schält 1 ¼ Pfd. nicht zu reife Melonen, entfernt die Kerne und das ganze weiche Fleisch und schneidet die Melonen in zierliche Stücke, die man ganz kurze Zeit in Wasser, das mit etwas Essig vermischt wurde, kochen läßt. Dann nimmt man die Melonenstücke mit dem Schaumlöffel heraus und legt sie zum Abtropfen auf ein Sieb. Hierauf kocht man 1 Pfd. Zucker mit 1 Tasse Wasser zu einem dünnen Sirup, in welchem man einige Gewürznelken, etwas Zimmet und Zitronenschale, welche man zusammen in ein reines, leinenes Läppchen bindet, mit aufkochen läßt; auch gibt man den Saft 1 Zitrone, durch ein Sieb gelassen, dazu. Nun legt man die Melonen in ein Gefäß, gießt den kochenden Zuckersirup darauf, deckt, erkaltet, Papier darüber und läßt es bis zum nächsten Tage stehen. Nach 2 Tagen kocht man den Sirup etwas stärker ein und gießt ihn über die Melonen. In Zwischenräumen von 2 bis 3 Tagen wiederholt man dies Verfahren dreimal.

19

20

Ein **Kürbis** bittet zu Tisch
– gebraten oder gebacken

Damit Sie so richtig auf den Geschmack kommen, sollten Sie es einmal mit diesem einfachen Rezept versuchen, das Ihnen bestimmt zu etwas Abwechslung auf Ihrem Speiseplan verhilft:

Dazu wird ein reifer Kürbis geschält, in 1 Finger lange und 2 Finger breite Streifen geschnitten, in Wasser fast gar gekocht und zum Ablaufen auf ein Sieb gelegt. Hierauf werden Milch, Mehl und Eier zu einem dünnen Teig gerührt, mit Salz und klarem Pfeffer gewürzt, die Kürbisstreifen hineingetaucht, in Butter gelb und hart gebacken. Man richtet sie mit einer Sauce von süßem Rahm, Eiern, Zucker und Citronenschale an.

21

Kürbispuffer

500 g geschälte Kartoffeln, 500 g rohe Kürbis-stücke, 1 Prise Salz, 2 bis 4 Eßl. Kartoffelkloß-mehl, 2 Eßl. Mehl, 1 bis 2 Eier, 1 bis 2 Eßl. Sultaninen, Öl.

Kartoffeln und Kürbis raspeln oder reiben. Mit Salz, Kartoffelkloßmehl, Mehl und Ei klümp-chenfrei vermischen. Sultaninen, die in etwas lauwarmem Wasser einige Stunden vorgequol-len und dann gut abgetropft wurden, untermi-schen. Die Puffer auf beiden Seiten goldbraun backen und mit Zucker bestreut auftragen.

Kürbisomelett

500 g Kürbis, 2 Eßl. Butter, 1 Stange Porree, 2 Eier, $\frac{1}{8}$ l Schlagsahne, Salz, Pfeffer, 1 Messer-spitze geriebene Muskatnuß, 2 Eßl. Öl, Petersi-lie.

Kürbis zerteilen, entkernen, schälen und in feine Würfel schneiden. In einem Eßl. Butter kurz andünsten und etwa 8 Minuten garen. An-schließend pürieren. Porree putzen, waschen und in schmale Ringe schneiden. In der restli-chen Butter kurz andünsten und mit dem Kür-bispüree mischen. Eier, Sahne und Gewürze

22

verrühren und unter den Gemüsebrei heben. Öl in einer Pfanne erhitzen, den Gemüsebrei hineingießen und bei geschlossenem Deckel stocken lassen. Mit gehackter Petersilie bestreuen. Geröstetes Toastbrot dazu reichen.

Kürbis-Pizza

Für den Teig:
400 g Mehl, 30 g Hefe, 4 Eßl. Öl, Salz.
Für den Belag:
1,5 kg festes Kürbisfleisch, 4 Zwiebeln, 175 g Speck, 225 g Goudakäse, $\frac{1}{8}$ l saure Sahne, Muskat, Salz, Pfeffer.

Einen geschmeidigen Hefeteig bereiten, an einem warmen Ort etwa 30 Minuten gehen lassen. Inzwischen das Kürbisfleisch in $\frac{1}{2}$ cm dicke Scheiben schneiden. In wenig Salzwasser einmal aufkochen und 3 Minuten ziehen lassen. Anschließend zum Abtropfen herausnehmen. Zwiebeln in Ringe und Speck in Streifen schneiden. Den Speck auslassen und die Zwiebeln im Speckfett hellgelb braten. Die Sahne mit Muskat und Salz abschmecken. Den Teig auf einem gefetteten Blech ausrollen, Teigboden mit Sahne bestreichen. Dann Kürbisscheiben, Zwiebelringe, Speckstreifen und geriebenen

23

Käse darauf verteilen. Zuletzt frischgemahlenen Pfeffer darüberstreuen. Kürbispizza im vorgeheizten Backofen bei Mittelhitze etwa 40 Minuten goldbraun backen.

Panierter Kürbis

1 kleiner Kürbis, Salz, 100 g Mehl, 2 Eßl. Milch, 2 Eier, 120 g Semmelbrösel, Schmalz oder Margarine.

Den Kürbis schälen, Kerne und Mark entfernen und den Kürbis in Scheiben schneiden. Salzen und zugedeckt zwischen zwei Tellern eine Weile stehen lassen. Dann in Mehl, in mit Milch verquirlten Eiern und Semmelbröseln wenden und wie Schnitzel in heißem Fett braten. Mit Kartoffelbrei und Salat servieren.

Kürbisauflauf

30 g Butter, 2 Eßl. Zucker, Salz, ½ Teel. Zimt, 2 Eier, 200 g Kürbis, 150 g Äpfel, 150 g Kartoffeln, 100 g Semmelbrösel, 1 Teel. Backpulver, 75 g Korinthen.

Butter, Zucker, 1 Prise Salz und Zimt schaumig rühren, nach und nach Eier, geraspelten Kürbis und geraspelte Äpfel, durchgedrückte Kartoffeln, Semmelbrösel, Backpulver und vorbereitete Korinthen zugeben. Die gründlich verarbeitete Masse in eine gefettete Auflaufform füllen und bei Mittelhitze etwa 40 Minuten goldbraun backen. Mit Kompott oder Fruchtsoße auftragen.

Kürbisauflauf mit Birnen

1 kg Birnen, 330 g Mehl, 15 g Hefe, 25 g Margarine, $\frac{1}{8}$ l Milch, 150 g Zucker, 2,5 kg Kürbis, 3 Eier, Zimt, Butterflöckchen.

Die Birnen schälen, entkernen, in Spalten teilen und damit eine gefettete Auflaufform auslegen. Die Birnenstücke mit einem lockeren Hefeteig aus 250 Gramm Mehl, Hefe, Margarine, Milch und etwas Zucker bedecken. Aus dem gekochten und in einem Tuch abgelaufenen Kürbis, den Eigelb, Zucker, dem restlichen Mehl und etwas Zimt ein Mus bereiten, zum Schluß Eischnee darunterziehen. Auf den Hefeteig eine dicke Schicht Kürbis geben, mit Zimt bestreuen, Butterflöckchen daraufsetzen und etwa 50 Minuten backen.
Das Gericht schmeckt auch gut, wird es anstelle von Birnen mit Äpfeln bereitet.

Überbackener Kürbis

1500 g festes Kürbisfleisch, Salz, 4 Zwiebeln, 100 g Butter, 150 g Reibekäse.

Kürbisfleisch in $\frac{1}{2}$ cm dicke Scheiben schneiden und in leicht kochendem Salzwasser etwa 5 Minuten köcheln lassen. Dann zum Abtropfen herausnehmen. Zwiebeln in Ringe schneiden und im erhitzten Fett braten. Die Kürbisscheiben mit Käse bestreuen und kurz überbacken. Mit gebratenen Zwiebeln servieren.

Überbackener Kürbis mit Fleisch

400 g Kürbis, Salz, 50 g Mehl, 2 Eier, Bratfett, 350 g Kalbfleisch, 2 Zwiebeln, 60 g Margarine, Pfeffer.

Den Kürbis schälen, zerschneiden, das innere Mark und die Kerne entfernen und den Kürbis in Scheiben schneiden. Die Scheiben salzen, in Mehl und Eiern wenden und in heißem Fett auf beiden Seiten braten. Das Fleisch in kleinere Stücke schneiden, zusammen mit glasiger Zwiebel in Margarine und wenig Wasser garen. Dann würzen, in eine mit Fett ausgestrichene Pfanne eine Schicht der gebratenen Kürbisscheiben legen, darauf das gare Fleisch und obenauf wieder Kürbisscheiben. In der Röhre überbacken.

Fritierter Kürbis

1 kg festes Kürbisfleisch, Salz, Pfeffer, Mehl, 3 Eier, Semmelbrösel, Backfett, 1 Zitrone.

Das Kürbisfleisch in $\frac{1}{2}$ cm dicke Scheiben schneiden. Auf beiden Seiten salzen und pfeffern. Dann nacheinander in Mehl, verquirlten Eiern und Bröseln wenden. In erhitztem Fett etwa 2 bis 3 Minuten ausbacken. Kürbisscheiben mit etwas Zitronensaft servieren.

Gebratener Kürbis in Milchsoße

750 g bis 1000 g Kürbis, Salz, Mehl, Bratfett, $\frac{1}{4}$ l Milchsoße oder Saure-Sahne-Soße, Muskatnuß, Mais- oder Gerstenknusperflocken.

Milchsoße
1 Eßl. Butter, 1 Eßl. Mehl, $\frac{3}{4}$ l Milch, Salz.
Eine helle Mehlschwitze aus Butter und Mehl zu gleichen Teilen mit heißer Milch allmählich auffüllen und unter Umrühren 1 bis 2 Minuten kochen. Nach Geschmack salzen.

27

Saure-Sahne-Soße

1 Eßl. Butter, 1 Eßl. Mehl, $\frac{1}{8}$ l Gemüsesud, $\frac{1}{4}$ l saure Sahne, Salz.

Die helle Mehlschwitze mit Gemüsesud und saurer Sahne auffüllen, unter Umrühren 1 bis 2 Minuten durchkochen, nach Geschmack salzen dann durchseihen.

Gebratener Kürbis

Den Kürbis schälen und das Kernfleisch entfernen, dann in dünne Scheiben schneiden, salzen, in Mehl panieren. In heißem Fett goldbraun braten. Danach sofort mit Milchsoße oder Saurer-Sahne-Soße übergießen, mit geriebener Muskatnuß würzen und 3 bis 5 Minuten leise kochen lassen. Vor dem Anrichten mit Mais- oder Gerstenknusperflocken bestreuen. Die Mais- oder Gerstenknusperflocken können leicht gesalzen und in Butter geröstet werden.

Gegrillte Kürbisspalte

1 kg Kürbis, Saft von 1 Zitrone, 100 g Butter, Salz, Pfeffer, 1 Teel. Kräuter, 1 Teel. getrockneter Rosmarin.

Kürbis in etwa 1 cm breite Spalten schneiden und entkernen. Mit Zitronensaft beträufeln. Butter zerlassen und mit Salz, Pfeffer und

Kräutern würzen. Die Kürbisspalten auf ein mit Alufolie ausgelegtes Blech legen und mit der Kräuterbutter bestreichen. Im Backofen bei mittlerer Hitze etwa 35 Minuten backen. Nach Belieben salzen und mit Zitronensaft beträufeln.

Kürbis-Apfel-Sapekanka

1 kg Kürbis, 3 bis 4 Eßl. Butter, $\frac{1}{8}$ l Milch, 5 Äpfel, 100 g Grieß, 75 g Zucker, Salz, 3 Eier, 2 Eßl. Semmelbrösel, $\frac{1}{4}$ l saure Sahne.

Den Kürbis ohne Schale und Kernfleisch reiben, in eine Kasserolle mit zerlassener Butter geben und heiße Milch zugießen. Auf kleiner Flamme dünsten. Während des Garens die geschälten und geriebenen Äpfel zufügen. Wenn die vom Feuer genommene Kürbis-Apfel-Masse etwas abgekühlt ist, den in Milch angequirlten Grieß und die mit Zucker und Salz verrührten Eigelb gut untermischen. Zuletzt steifgeschlagenes Eiweiß unter die Masse ziehen. Alles in eine gefettete, mit Semmelbröseln ausgestreute Auflaufform füllen und glätten. Butterflöckchen aufsetzen und in der vorgeheizten Backröhre überbacken. Saure Sahne extra dazu reichen.

29

❖ Kürbispudding

Zutaten: 2 Pfd. Kürbis, ¼ Pfd. Butter, 1 Eßlöffel Kartoffelmehl, ½ Tasse Milch, 4 Eier, 1 Tasse Zucker, ¼ Pfd. süße Mandeln, 6 bittere Mandeln.

Zubereitung: Man kocht 2 Pfd. gereinigten, in Stücke geschnittenen Kürbis mit wenig Wasser weich und streicht ihn durch ein Sieb. Diesen Brei schwitzt man mit ¼ Pfd. Butter und 1 Eßlöffel Kartoffelmehl, in etwas kalter Milch ausgerührt, durch und stellt ihn kalt. 4 Eigelb schäumt man mit 1 Tasse Zucker, legt ¼ Pfd. geriebene süße und 6 bittere, geriebene Mandeln dazu, vermischt die Masse mit dem Brei und gibt den steifen Schnee der Eier hinzu. Nun backt man den Pudding in einer präparierten Form 1 Stunde.
Man reicht dazu Fruchtsoße.

❖ Kürbis-Pudding auf andere Manier

Nachdem man 1 Kilogramm Kürbisschnitten mit ganz wenig Wasser weichgekocht und auf einem Sieb abgetropft hat, verrührt man sie über schwachem Feuer mit 160 Gramm frischer

Butter, 70 Gramm Zucker und einem Theelöffel gestoßenem Zimt und ebensoviel gestoßenem Ingwer zu Brei. Ist derselbe völlig klar, so läßt man ihn auskühlen, vermischt ihn mit vier zerquirlten Eiern und drei Eßlöffel Rum oder Cognac, füllt zwei bis drei Pudding = oder Pie = Schüsseln mit dem Brei, legt einen Deckel aus mürbem, von Schweinefett oder Butter, Wasser, feinem Mehl, etwas Salz und Zucker hergestellten Teig darüber, klebt ihn am Rande fest, überstreicht ihn mit Ei und bäckt den Pudding eine Stunde bei mäßiger Hitze.

✤ Kürbis, gebacken, auf englische Art——————————

Die Kürbisstücke werden in Salzwasser weich gekocht, zum Ablaufen auf einen Durchschlag geschüttet, mit Salz und Pfeffer bestreut und in einen Ausbackteig von Mehl, Salz, Wasser, etwas Speiseöl, einem Eidotter und dem Schnee von zwei Eiweißen eingetaucht und in zerlassenem Speck oder heißem Öl hellbraun gebakken. Beim Anrichten bestreut man sie mit gehackter Petersilie und giebt sie entweder als selbständiges Gericht oder zu Fleisch oder Geflügel.

31

❧ Kürbis, gebacken, auf französische Art

Man kocht den geschälten und in Stücke geschnittenen Kürbis in Salzwasser weich, läßt ihn ablaufen, reibt ihn durch ein Sieb, verrührt ihn über mäßigem Feuer mit 125 Gramm Butter, sechs zerquirlten Eiern, 90 Gramm geriebenen Parmesankäse und ein wenig Salz zu einem Brei, thut denselben auf eine mit Butter bestrichene Schüssel, überpinselt ihn obendarauf mit Ei, bestreut ihn mit Zucker und läßt ihn auf einem Dreifuß im Ofen hellbraun braten.

❧ Kürbis, gebacken, als Mehlspeise

Ein geschälter und vom Kernhaus befreiter Kürbis wird in Stücke zerteilt, in siedendem Wasser weichgekocht, auf einem Durchschlag abgetropft und durch ein feines Sieb gerieben; hierauf führt man 125 Gr. Butter zu Schaum, mischt sechs Eier, die feingehackte Schale einer Citrone, 250 Gramm in Rahm geweichte Semmel, den durchgestrichenen Kürbis, 60 Gramm Zucker, etwas Salz, 90 Gramm feingehackte süße nebst einigen bitteren Mandeln, 125 Gramm gereinigte Korinthen und einen ge-

32

häuften Kaffeelöffel Zimt hinzu und bäckt diese Masse 1 ½ Stunden.

Überbackene Zucchini mit Hackfleisch

2 Zucchini (etwa 600 g), 500 g Hackfleisch, 2 Knoblauchzehen, 1 Eßl. Öl, Salz, 1 Zitrone, 4 Scheiben Speck, 40 g Butter oder Margarine, 30 g Mehl, ¼ l Brühe, ¼ l Milch, Zimt, Muskat, 50 g Goudakäse.

Zucchini waschen und der Länge nach halbieren. Mit einem Teelöffel aushöhlen. Das ausgekratzte Fruchtfleisch fein hacken. Hackfleisch und zerdrückten Knoblauch in heißem Öl krümelig braun braten. Fruchtfleisch zugeben und kurz mit andünsten. Mit Salz und Zitronensaft abschmecken. Zucchini mit dem Hackfleisch füllen und mit Speck umwickeln. In eine feuerfeste Form setzen. Fett in einem Topf schmelzen, Mehl zugeben und bei kleiner Hitze kurz anrösten. Brühe und Milch unter Rühren nach und nach zugießen. Fünf Minuten bei kleiner Hitze kochen. Mit Salz, Zimt und Muskat abschmecken. Die Soße über die Zucchini gießen. Mit geriebenem Käse bestreuen. In den Ofen schieben und etwa 30 Minuten backen.

34

Ein **Kürbis** bittet zu Tisch
– mit raffiniertem Innenleben

Lassen Sie ihn einmal zeigen, was in ihm steckt, und bereiten Sie Ihrer Familie oder Freunden mit lecker gefüllten Kürbisstücken eine gelungene Überraschung:

Dazu schneidet man einen halbreifen Spargelkürbis in Stücke gleicher Größe, höhlt diese aus, überkocht sie mit Salzwasser, füllt sie mit beliebigem Fasch (s. S. 41) gehäuft voll und dünstet sie auf Speckschnitten mit etwas Suppe und ganzen Äpfeln. Beim Anrichten passiert man den Saft über die Kürbisstücke. Die gurkenförmigen Zucchetti bereitet man wie die gefüllten Gurken.

35

Gefüllter Kürbis

1 ½ kg Kürbis, ¼ l Milch, 7 Brötchen, 300 g Schweinefleisch, 3 Eier, 30 g Margarine, Salz, Pfeffer, 1 Bund Petersilie, 50 g Butter, 40 g Reibekäse, 3 bis 4 Eßl. saure Sahne.

Den Kürbis schälen, halbieren und aushöhlen. Die in Milch eingeweichten Brötchen ausdrücken. Das grob geschnittene Schweinefleisch mit den Brötchen durch den Fleischwolf drehen. Dazu die Eier, ausgelassene Margarine, Salz, Pfeffer und feingehackte Petersilie geben. Diese Masse gut verkneten und in die Kürbishälften füllen. Mit Butterflöckchen und geriebenem Käse bestreuen und etwa 30 Minuten in der Röhre backen. Nach und nach mit der Sahne begießen. Mit Weißbrot servieren.

Kürbis mit Risotto

2 kg Kürbis, Salz, 4 Lauchzwiebeln, 2 Knoblauchzehen, 50 g Margarine, 100 g Reis, ¼ l Weißwein, ¼ l Hühnerbrühe (Instant), Pfeffer, 300 g Krabbenfleisch, 2 Bund Dill, 2 Eßl. Reibekäse.

Den Kürbis in Salzwasser 30 Minuten kochen. Herausnehmen. Flache Deckel abschneiden.

Jeweils die Kerne und etwas Fruchtfleisch herausheben. Kürbis warm stellen. Fruchtfleisch kleinschneiden. Lauchzwiebeln putzen, waschen und in Ringe schneiden. Mit zerdrücktem Knoblauch in Margarine andünsten. Reis zugeben und kurz mitdünsten. Kürbisfleisch, Wein und Brühe zugeben. Zugedeckt bei Mittelhitze etwa 30 Minuten garen. In den letzten 5 Minuten bei größerer Hitze in der offenen Pfanne die Flüssigkeit verdampfen lassen. Salzen und pfeffern. Krabben und gehackten Dill untermischen. Den Kürbis in eine feuerfeste Form setzen, Füllung darauf verteilen. Mit Käse bestreuen. Im vorgeheizten Grill 8 Minuten überbacken.

Kürbis mit Paprika

2 kg Kürbis, Salz, frisch gemahlener Pfeffer, 1 Zitrone, 2 rote Paprikaschoten, 2 Bund Petersilie, 200 g Käse (Gouda), 1 Zwiebel, 50 g Margarine, 2 Zweige frischer Thymian (oder $\frac{1}{2}$ Teel. getrockneter), $\frac{1}{4}$ l Brühe.

Den Kürbis in Salzwasser etwa 20 Minuten kochen. Einen flachen Deckel abschneiden, das anhängende Fruchtfleisch in Würfel schneiden. Die Kerne und etwas vom Fruchtfleisch mit

37

einem Löffel aus dem Kürbis nehmen. Den Kürbis innen salzen, pfeffern und mit Zitronensaft beträufeln. Paprikaschoten waschen, putzen, in Würfel schneiden. Petersilie hacken, Käse grob raspeln. Zwiebeln abziehen und in Würfelchen schneiden. Zwiebel und Paprika in heißer Margarine andünsten. Thymian und Kürbiswürfel mit Kernen zugeben und kurz mitdünsten. Brühe zugießen. Im offenen Topf etwa 15 Minuten garen, bis die Flüssigkeit verdampft ist. Käse unterheben. Salzen und pfeffern. Den Kürbis in eine feuerfeste Form setzen. Füllung in den Kürbis geben. Bei Mittelhitze etwa 30 Minuten backen.

Kürbis mit Salbei-Zwiebel-Füllung

2 kg Kürbis, Salz, 500 g Zwiebeln, 2 Äpfel, 350 g Staudensellerie, 100 g Speck, 50 g Margarine, 8 Salbeiblätter, $\frac{1}{4}$ l Schlagsahne, Cayennepfeffer, 1 Zweig Minze.

Kürbis in Salzwasser etwa 20 Minuten kochen. Herausnehmen und einen flachen Deckel abschneiden. Die Kerne und etwas Fruchtfleisch herausheben. Für die Füllung die Zwiebeln abziehen und in Würfel schneiden. Die Äpfel schälen, in Viertel schneiden und das Kerngehäuse entfernen. Apfelstücke in feine Würfel schneiden. Den geputzten Sellerie in dünne Scheiben, Speck in Streifen schneiden. Speck in heißer Margarine glasig dünsten. Herausnehmen. Zwiebel, Sellerie und Kürbiswürfel mit Kernen im Speckfett andünsten, Äpfel und Salbeiblätter zugeben. Bei mäßiger Hitze fünf Minuten dünsten. Sahne zugießen und aufkochen, Speck wieder zugeben. Mit Salz und Cayennepfeffer abschmecken. Den Kürbis innen mit Salz und Cayennepfeffer würzen und in eine flache, feuerfeste Form setzen. Mit der Gemüsemischung füllen und im Backofen bei Mittelhitze etwa 30 Minuten backen. Mit Minze garnieren.

Gefüllter Kürbis mit Knoblauch

4 Patissonkürbisse à 500 g, 4 Schalotten, 2 Tomaten, 2 Knoblauchzehen, 50 g Margarine, 500 g Hackfleisch (halb Rind, halb Schwein), Pfeffer, Salz, 4 Eßl. Schlagsahne, 4 Eßl. Reibekäse.

Patissonkürbisse waschen. Im ganzen mit Schale in reichlich Wasser kochen. Kurz abkühlen lassen. Einen flachen Deckel abschneiden.

39

Etwas Fruchtfleisch herauslösen. Schalotten in Würfel schneiden. Tomaten überbrühen, abziehen und in kleine Würfel schneiden. Knoblauch abziehen. Schalotten in der Margarine glasig dünsten, Hackfleisch hinzufügen. Unter Wenden braten. Zerdrückte Knoblauchzehe und Kürbisfleisch, Tomatenwürfel und Pfeffer dazugeben. Salzen. Sahne zufügen. Die Patissonkürbisse mit dem Hackfleisch füllen, Reibekäse darüberstreuen. Deckel auflegen. In der vorgeheizten Backröhre bei Mittelhitze etwa 15 Minuten backen. Die Schale ist eßbar.

Turban mit Porree

2 Patisson-Kürbisse (etwa 1,5 kg), Salz, 500 g Porree, 40 g Butter oder Margarine, 50 g Sonnenblumenkerne, 2 Knoblauchzehen, 4 Eßl. Weißwein, $\frac{1}{8}$ l Schlagsahne, 150 g Schafkäse, 1 Teel. Instant-Hühnerbrühe, Cayennepfeffer.

Kürbisse in Salzwasser 30 Minuten kochen. Herausnehmen. Flache Deckel abschneiden. Die Kerne und etwas vom Inneren herausheben, Porree putzen und in feine Ringe schneiden. 20 Gramm der Fettigkeit in einer Pfanne erhitzen. Sonnenblumenkerne darin anrösten. Porree und zerdrückten Knoblauch zugeben und bei mäßiger Hitze etwa fünf Minuten dünsten. Wein und Sahne zugießen und aufkochen lassen. Den Käse zerbröckeln und mit dem in Würfel geschnittenen Fruchtfleisch und Kernen vermischen. Mit Instant-Brühe abschmecken. Die Patisson innen mit Salz und Cayennepfeffer würzen. Mit der restlichen Butter ausstreichen und in eine feuerfeste Form setzen. Die Füllung auf die Kürbisse verteilen. Bei Mittelhitze etwa 30 Minuten backen.

❖ Gefüllte Gurken _____

Man schält ausgewachsene grüne Gurken, schneidet dann jeder ein Ende ab, nimmt die Kerne heraus, höhlt die Gurken dabei gleichmäßig aus, füllt sie mit Fasch von Kalbfleisch, bestreicht sie am Anschnitte mit Ei, gibt die früher abgeschnittenen Enden wieder darauf, dünstet die Gurken auf Speck mit Suppe weich, salzt sie und kocht sie mit etwas gesäuerter Sauce und saurem Rahm auf. Dann schneidet man sie in Scheiben und gibt sie zu Fleisch.

Fasch:
Zu einem halben Kilo Fleisch gibt man Speck, in Milch erweichte Semmel, angelaufene Zwiebel und Petersilie, Pfeffer, Salz, Eidotter und Rahm.

41

Patisson mit Hackfleisch

2 Patisson-Kürbisse (etwa 1 kg), 2 Tomaten, 250 g Zwiebeln, 2 Knoblauchzehen, 40 g Butter oder Margarine, 250 g Hackfleisch, Pfefferkörner, Kapern, 1 Teel. getrockneter Oregano, Cayennepfeffer, 4 Eßl. Schlagsahne.

Die Kürbisse in Salzwasser etwa 20 Minuten kochen. Flache Deckel abschneiden und etwas vom Inneren mit den Kernen aus den Kürbissen herausheben. Tomaten überbrühen, abziehen und in Würfel schneiden. Zwiebeln und Knoblauch abziehen und ebenfalls in Würfelchen schneiden. In 20 Gramm Butter glasig dünsten. Hackfleisch und in Würfel geschnittenes Kürbisfleisch mit Kernen zugeben und krümelig braten. Tomatenwürfel bis auf zwei Eßlöffel zufügen. Fleischmischung mit Pfefferkörnern, abgetropften Kapern, Oregano und Salz würzen. Kürbisse innen mit Salz und Cayennepfeffer bestreuen. Mit der restlichen weichen Butter ausstreichen und in eine feuerfeste Form setzen. Die Fleischmischung in die Kürbisse füllen. Restliche Tomaten und Sahne darauf verteilen. In den Ofen schieben und bei Mittelhitze etwa 30 Minuten backen.

Zucchini „Pikanta" ————————

4 Zucchini (etwa 1 kg), 2 Zwiebeln, 1 Knoblauchzehe, 4 Eßl. Öl, 250 g Hackfleisch, Salz, Pfeffer, 200 g Käsescheiben.

Von den gewaschenen Zucchini jeweils längs einen dünnen Deckel abschneiden. Zucchini aushöhlen. Zucchinifleisch und Deckel grob hacken, Zwiebeln und Knoblauch schälen und ebenfalls grob hacken. Die gehackten Zutaten in erhitztem Öl 5 Minuten braten. Masse abgekühlt unter Hackfleisch mischen und würzen. Die Masse in die Zucchini füllen, mit Käsescheiben bedecken. Zucchini in eine geölte feuerfeste Form geben und im vorgeheizten Backofen etwa 45 Minuten bei Mittelhitze garen.

Gefüllte Zucchini ————————

4 Zucchini, 200 g Hackfleisch vom Rind, Salz, Pfeffer, Thymian, Majoran, 1 Ei, 1 eingeweichtes Brötchen, 150 g gekochter Schinken, 1 Eßl. gehackte Petersilie, etwas Selleriesalz, 20 g Butter, $\frac{1}{8}$ l Brühe, 100 g Champignons, 4 Scheiben Käse.

Die Zucchini waschen und abtrocknen. Ein Drittel des Fruchtfleisches längs abschneiden,

43

den Rest mit einem Löffel vorsichtig aushöhlen. Das Fleisch mit Salz, Pfeffer, Thymian, Majoran, Ei, ausgedrücktem Brötchen, Schinkenwürfeln, gehackter Petersilie und Selleriesalz vermischen. Das ausgehöhlte Zucchinifleisch in Würfel schneiden und untermischen. Die Zucchini mit dieser Masse füllen. Die Butter schmelzen, Brühe, Salz und die blättrig geschnittenen Champignons dazugeben, Zucchini in diese Soße legen und in vorgeheizter Backröhre etwa 30 Minuten garen. Kurz vor Ende der Garzeit mit dem Käse belegen.

Gefüllte Gurken

4 mittelgroße Gurken, Salz, Pfeffer, 400 g Hackfleisch (halb Rind, halb Schwein), 2 Eier, 2 Zwiebeln, 1 eingeweichtes, ausgedrücktes Brötchen, 2 Bund Petersilie, Paprika, Pfeffer, Speisewürze, 1 Teel. Senf, 500 g Möhren, $\frac{1}{4}$ l Weißwein, $\frac{1}{8}$ l Fleischbrühe, 8 dünne Scheiben Speck.

Die Gurken schälen, längs halbieren und mit einem Löffel die Kerne ausschaben. Innen mit Salz und Pfeffer würzen. Das Hackfleisch mit den Eiern, den Zwiebelwürfeln, dem Brötchen und der gehackten Petersilie mischen. Mit Salz,

Pfeffer, Paprika, Speisewürze und Senf würzen. Vier Gurkenhälften damit füllen. Die anderen Hälften wieder daraufsetzen. Die gefüllten Gurken mit einem Faden umwickeln und in eine feuerfeste Form setzen. Die geputzten Möhren in Scheiben schneiden, rund um die Gurken verteilen, Wein und Brühe zugießen. Die Gurken mit Speckscheiben belegen und in der vorgeheizten Backröhre bei Mittelhitze etwa 50 Minuten garen.

Gefüllte Melone

1 Melone, 1 Dose Ananas in Stücken, 6 Eßl. Portwein, Kirschen zum Garnieren.

Die Melone halbieren, Kerne entfernen. Ananas über einem Sieb abtropfen lassen, dann in die Höhlungen füllen. Über jede Melonenhälfte 3 Eßlöffel Portwein geben. Mit Kirschen garnieren. Gut gekühlt servieren.

46

Ein **Kürbis** bittet zu Tisch
– vielfältig als Hauptgericht

Es kann sein, daß man etwas Mut braucht, dieser Einladung zu folgen, aber vielleicht ist dieses einfache Rezept genau das Richtige für Ihren Mittagstisch an einem sonnigen Herbsttag?

Ein reifer Kürbis wird geschält, in Stückchen geschnitten und in Wasser weich gekocht. Man gießt dasselbe ab, quirlt den Kürbis klar, treibt ihn mit Milch durch einen Durchschlag, kocht ihn mit so viel Milch, als man Suppe braucht, nebst etwas Butter, Salz, Muskatnuß auf, quirlt mit einigen Eiern ab und richtet die Suppe über würfelig geschnittener Semmel an.

47

Kürbis-Fleisch-Eintopf

500 g Putenfleisch, 750 g Kürbisfleisch, 1 Zwiebel, 1 Eßl. Mehl, ½ Teel. Ingwerpulver, 20 g Margarine, 4 Eßl. Öl, Pfeffer, Thymian, 2 Lorbeerblätter, ¼ l Hühnerbrühe, Salz, Zitrone.

Putenfleisch in Stücke und Kürbisfleisch in Würfel schneiden. Zwiebel abziehen und kleinschneiden. Mehl mit Ingwerpulver vermischen, das Kürbisfleisch damit bestäuben. Fettigkeit erhitzen. Das Putenfleisch darin kräftig anbraten. Herausnehmen und warm stellen. Kürbis- und Zwiebelwürfel im Bratfett unter Wenden etwa zehn Minuten dünsten. Dann das angebratene Putenfleisch dazugeben. Mit Pfeffer, Thymian und Lorbeerblättern würzen. Heiße Brühe zugießen. 40 Minuten schmoren. Mit Salz und Zitronensaft abschmecken.

Kürbis-Kartoffel-Suppe

500 g Kartoffeln, ¾ l Fleischbrühe, 500 g Kürbis, 30 g Butter, ⅛ l Schlagsahne, Petersilie, Dill, Schnittlauch, 9 Eßl. Essig, Salz, Pfeffer, 1 Prise Zucker, 4 Wiener Würstchen.

Kartoffeln waschen, schälen und in Würfel schneiden. In der kochenden Fleischbrühe 20

48

Minuten garen. Kürbis zerteilen, entkernen und schälen. Fruchtfleisch ebenfalls in Würfel schneiden und im heißen Fett kurz andünsten. Nach der Hälfte der Garzeit zu den Kartoffeln geben und 10 Minuten mitkochen. Die Hälfte des Gemüses herausnehmen, pürieren und wieder zufügen. Sahne zugießen und unterrühren. Kräuter abspülen und feinhacken, zufügen und alles mit Essig, Salz, Pfeffer und Zucker würzen. Würstchen kleinschneiden und etwa 5 Minuten mit erwärmen. Dazu Schwarzbrot.

Blütensuppe

400 g Kürbis- oder Malvenblüten, 2 Eßl. Butter, 1 Eßl. Zwiebelwürfel, Salz, 1 Messerspitze gemahlenen Zimt, 2 Tassen Milch, 2 Eßl. Butter mit 1 Eßl. Stärkemehl verknetet, 3 Eigelb, $\frac{1}{2}$ l saure Sahne, 2 Eßl. Zucker, 1 Tasse Biskuitwürfel.

Die Blüten grob zerschneiden und in vorher angerösteten Zwiebelwürfeln und Butter dünsten. Salz und Zimt dazugeben und mit Milch aufgießen. Dann die Mehlbutter unterschlagen, den Topf vom Feuer nehmen und die Eigelb mit der sauren Sahne unterziehen. Die Suppe mit Zucker abschmecken und mit Biskuitwürfeln servieren. Das Besondere an dieser Blütensuppe ist die Farbenpracht und der feine säuerliche Geschmack.

Kürbissuppe ————————————

$\frac{1}{2}$ kleinen Kürbis, 4 Zwiebeln, Salz, Pfeffer, 1 Eßl. Zitronensaft, 1 l Brühe, 2 Eßl. Mehl, 1 Tasse Sahne, Paprikapulver.

Von einem halben Kürbis die Schale dick abschälen, die Kerne entfernen und das Fruchtfleisch in dicke Würfel schneiden. Mit Zwiebelwürfeln, etwas Salz und Pfeffer, Zitronensaft und Brühe dünsten. Sobald die Fruchtwürfel musig sind, alles durch ein Sieb streichen. Das Mus mit in kaltem Wasser verrührtem Mehl binden und nochmals aufkochen lassen. Die Suppe vom Feuer nehmen und die Sahne zufügen. Mit Salz und Paprika würzen und mit dünnen Toastscheiben servieren.

❧ Kürbiswasser ————————————

Dasselbe wird ebenso bereitet, wie die Kürbissuppe, aber ohne Milch; mit Zucker versetzt, ist es ein angenehmer Trank. Mit Milch versetzt, kann man es statt der Milch beim Backen

50

zum Anmachen des Teigs verwenden; es beförder die Gärung, und ertheilt dem Gebäck einen angenehmen, milden Geschmack.

❖ Gelbe Kürbissuppe

Man schneidet das Fruchtfleisch in Würfel, kocht es mit wenig Wasser, füllt mit Kalbfleischbrühe auf, streicht die Masse durch ein Haarsieb, zieht sie mit Eidottern ab und richtet sie mit Semmelrinde an.

Kürbissuppe der englischen Küche

1 mittelgroßer Kürbis, 3 l Milch, Salz, Butter, $\frac{1}{2}$ Zitrone, $\frac{1}{2}$ Apfelsinenschale, $\frac{1}{4}$ Teel. Zimt, 4 Scheiben Weißbrot, 2 Eier.

Den Kürbis dick abschälen, halbieren und die Kerne ausschaben. Das Kürbisfleisch in Scheiben, dann in dünne Blättchen schneiden und in einer Kasserolle mit der Hälfte der Milch so lange kochen, bis sie zu Mus zerfallen. Durch ein Haarsieb streichen und das Püree dann mit Salz und etwas Butter wieder zum Kochen bringen. Dazu die restliche kochende Milch gießen und mit Zitronensaft, Apfelsinenschale und Zimt würzen. Weißbrotscheiben von beiden

Seiten toasten, in Würfel schneiden und damit den Boden der Suppenterrine bedecken. Darüber die Suppe gießen. Dann die Eier kremig schlagen und in die Suppe einrühren.

Kürbistopf mit Kräutern

600 g Kürbis, Milch, Salz, Selleriegrün, 1 Zwiebel, 100 g bis 200 g Schweinefett, Kümmel, saure Sahne, Kräuter.

Den Kürbis säubern, in kleine Würfel schneiden, in eine Kasserolle geben, mit Wasser, das mit $\frac{1}{3}$ Milch gemischt wurde, auffüllen, Salz zugeben und kochen. Kurz vor Ende der Kochzeit gehacktes Selleriegrün, geriebene Zwiebel und das mit Kümmel gemischte Schweinefett dazugeben. In das fertige Gericht saure Sahne gießen und mit gehackten Kräutern bestreuen.

Kürbistopf mit Kartoffeln

300 g Kürbis, 3 Eßl. Kartoffelpüree, $\frac{1}{8}$ l Milch oder 3 Eßl. saure Sahne, Salz.

Den reifen Kürbis schälen, die Kerne entfernen, waschen, in Stücke schneiden und in wenig Wasser garkochen. Dann durch ein Sieb streichen und mit dem Kartoffelpüree vermischen. Milch zugeben und durchkochen.

Kürbis-Möhren-Gemüse

700 g Kürbis, 300 g Möhren, 50 g Butter, $\frac{1}{8}$ l Gemüsebrühe, 1 Eßl. Mehl, Salz, Pfeffer, $\frac{1}{2}$ Teel. Honig, Petersilie, Zitronenmelisse.

Den Kürbis zerteilen, entkernen und schälen. Das Fruchtfleisch in schmale Stifte schneiden. Möhren schälen, waschen und in Scheiben schneiden. In 30 Gramm Butter andünsten. Gemüsebrühe angießen und alles etwa 8 Minuten garen. Das Mehl mit der restlichen Butter mischen und die Gemüseflüssigkeit damit binden. Mit Salz, Pfeffer und Honig abschmecken. Kräuter fein hacken und unterrühren.

Kürbisgemüse mit Senfsahne

1 kg Kürbisfleisch, 1 Zwiebel, 4 Eßl. Öl, 2 Tomaten, Salz, Pfeffer, $\frac{1}{4}$ l saure Sahne, 2 Teel. Senf, Kresse.

Kürbisfleisch in Würfel (2 cm groß) schneiden. Zwiebelwürfel in heißem Öl glasig dünsten,

Kürbis zufügen und bei geringer Hitze etwa 20 Minuten dünsten. Dabei gelegentlich umrühren und, wenn nötig, etwas Wasser zufügen. Die Tomaten mit kochendem Wasser übergießen, die Schale abziehen. Tomaten in Würfel schneiden, diese zum Kürbis geben. Salzen, pfeffern und fünf Minuten ziehen lassen. Saure Sahne mit Senf verrühren und vor dem Servieren über das Gemüse geben. Mit Kresse bestreuen.

Kürbisgemüse mit Dill

1,5 kg gehobelter Kürbis, Salz, 2 cl Essig oder Zitronensaft, 1 Bund zarter Dill, 40 g Schmalz, 60 g Mehl, 40 g Zwiebeln, 20 g Mehl, $\frac{1}{4}$ l saure Sahne, 15 g Zucker, 20 g Margarine, 1 Messerspitze Gewürzpaprika.

Den gehobelten Kürbis salzen, nach 20 Minuten den Saft ausdrücken und den Kürbis mit Essig beträufeln. Inzwischen den Dill sehr fein wiegen. Von Schmalz und Mehl eine helle Mehlschwitze bereiten, feingehackte Zwiebel dazugeben und noch 1 Minute in der Schwitze rösten, dann mit einem Drittel des gewiegten Dills vermengen, vorsichtig den Kürbis zufügen, weiter anschwitzen, schließlich mit wenig

54

Wasser oder Knochenbrühe auffüllen, glatt verrühren und gut aufkochen. Mit in saurer Sahne verrührtem Mehl binden, mit Zucker und Essig abschmecken. Inzwischen ein weiteres Drittel Dill in Margarine wenden und zugeben. Unter Schütteln des Topfes das Gemüse garen, jedoch nicht weich dünsten. Vor dem Servieren mit dem restlichen Dill bestreuen und nach Belieben mit Paprika würzen. Zu Braten oder Hackbraten auftragen.

Kürbiseintopf mit Petersilie

750 g mageres Schweinefleisch, 750 g Kürbis, 750 g Kartoffeln, 300 g Tomaten, 300 g Porree, 50 g Margarine, 1 l Fleischbrühe, Salz, Pfeffer, 1 Eßl. Edelsüß-Paprika, 1 Teel. Kümmel, Zucker, 1 Bund Petersilie.

Schweinefleisch, geschälten Kürbis, Kartoffeln und enthäutete Tomaten in Würfel, den Porree in Scheiben schneiden. Das Fleisch in der Margarine anbraten, das Gemüse zugeben, kurz andünsten und mit Brühe auffüllen. Mit den Gewürzen abschmecken. 30 Minuten bei schwacher Hitze schmoren. Nochmals würzen und mit reichlich gehackter Petersilie bestreuen.

Kürbistopf

750 g Rindergulasch, 3 Eßl. Öl, 2 Zwiebeln, 2 Knoblauchzehen, Ingwerpulver, Cayennepfeffer, Kardamom, Salz, 2 Stangen Zimt, 15 g Mandeln, 15 g Pistazien, 15 g Rosinen, 750 g geschälter Kürbis.

Das in Würfel geschnittene Fleisch im heißen Öl ringsum anbraten. Die Flamme kleiner stellen, gehackte Zwiebeln und ganz fein geschnittene Knoblauchzehen zugeben. Kurz andünsten und Gewürze zufügen. Zugedeckt bei milder Hitze etwa 30 bis 40 Minuten schmoren lassen. Bei Bedarf wenig Wasser angießen. Wenn das Fleisch fast gar ist, die geschälten, grob gehackten Mandeln und Pistazien, die Rosinen und den in Würfel geschnittenen Kürbis zugeben. Weitere 15 Minuten schmoren.

Kürbisgulasch

3 Zwiebeln, 250 g Gulasch vom Schwein, 3 Eßl. Butterschmalz, $\frac{1}{4}$ l Fleischbrühe, 1 kg Kürbis, 500 g Tomaten, 2 Eßl. Tomatenmark, Salz, Pfeffer, $\frac{1}{2}$ Bund Basilikum.

Zwiebeln schälen und in Achtel schneiden. Das Fleisch mit den Zwiebeln im heißen Schmalz kräftig anbraten, mit Brühe ablöschen und 15 Minuten schmoren. Inzwischen den Kürbis teilen, entkernen, schälen und in schmale Spalten schneiden. Zufügen und 15 Minuten mit garen. Tomaten überbrühen, enthäuten, halbieren und entkernen. In den letzten 5 Minuten mit dem Tomatenmark zufügen und mit erwärmen. Mit Salz und Pfeffer abschmecken. Basilikum abspülen, feinhacken und zum Schluß darüberstreuen. Dazu schmeckt Reis.

Kürbisgemüse auf ungarische Art

25 g Margarine, 100 g durchwachsener Speck, 125 g Zwiebeln, 1 Knoblauchzehe, 1 kg geschälter Kürbis, $\frac{1}{8}$ l Fleischbrühe, 2 Teel. Essig, 1 Prise Zucker, Salz, Pfeffer, Dill, $\frac{1}{4}$ l dicke saure Sahne.

In der zerlassenen Margarine die Speckwürfel kräftig anbraten. Gehackte Zwiebeln und zerdrückten Knoblauch darin andünsten und den in Würfel geschnittenen Kürbis zugeben. Die Fleischbrühe angießen, mit Essig und Zucker würzen und zugedeckt bei milder Hitze etwa 15 Minuten schmoren lassen. Der Kürbis soll gar sein, darf aber nicht zerfallen. Mit Salz und

Pfeffer, eventuell noch einmal mit Essig und Zucker süßsauer abschmecken. Kurz vor dem Servieren den feingehackten Dill untermischen und die saure Sahne darübergeben.

⚜ Kürbis auf österreichische Art

2 kg Kürbis, Salz, Kümmel, 50 g Fett, 50 g Mehl, Zwiebel, grüne Petersilie, 4 große Eßlöffel Rahm, Essig, Pfeffer.

Der Kürbis wird geschält, geputzt, feinnudelig gehobelt und mit Salz und etwas Essig vermischt. Man macht eine lichte Einbrenn mit feingehackter Zwiebel und grüner Petersilie, gibt den vorbereiteten Kürbis, Kümmel und Pfeffer dazu und läßt alles gut dünsten. Zum Schluß gibt man den sauren Rahm hinein.

Kürbis in Sahne

500 g junger Kürbis, Salz, 2 Eßl. gehackter Dill, 1 Eßl. Essig, 40 g Margarine, 30 g Mehl, $\frac{1}{8}$ l Fleischbrühe, $\frac{1}{4}$ l saure Sahne, $\frac{1}{4}$ Zitrone.

Jungen Kürbis schälen und das Kernfleisch entfernen. Das feste Fleisch in Würfel schneiden, siedendes Salzwasser aufgießen und alles gar-

58

dünsten. Den gehackten Dill in je 1 Eßlöffel Essig und Wasser kurz aufkochen. Aus Margarine und Mehl eine helle Mehlschwitze bereiten, mit Brühe und Sahne auffüllen und zu einer dicken glatten Soße kochen. Den Dill untermischen und nochmals kurz aufkochen. Die Soße mit Zitronensaft abschmecken, den Kürbis hineinlegen und erwärmen. Zu Kochfleisch servieren.

Kürbiskraut

500 g Sauerkraut, 1 Zwiebel, Pfeffer, 1 Suppenteller in Würfel geschnittener eingelegter Kürbis, 1 Prise Zimt, gemahlene Nelke.

Das grob zerschnittene Sauerkraut zusammen mit Zwiebelscheiben, Pfeffer und einer kleinen Tasse Wasser auf kleiner Flamme 10 Minuten zugedeckt dünsten. Dann den Kürbis zugeben, mit Zimt und Nelke würzen und weitere 10 Minuten garen.

Kürbisbrei

600 g Kürbis, 1 Eßl. Zucker, Salz, 3 Eßl. Grießbrei, 1 Teel. Kartoffelmehl, $\frac{1}{8}$ l Milch, Butter.

Den gut ausgereiften Kürbis schälen, waschen, in kleine Würfel schneiden, in kochendes Wasser legen, Zucker und Salz zugeben und kochen. Den Kürbis durch ein Sieb rühren, den gekochten Grießbrei, Kartoffelmehl, Milch und Butter zugeben und verrühren. In eine feuerfeste Form füllen und 20 bis 30 Minuten in die Röhre stellen.

Kürbisreis

250 g Reis, 1½ l Milch, 75 g Butter, Saft von 1 Zitrone, 300 g Kürbiswürfel, 200 g Zucker, Zimt.

Den Reis in 1 Liter Milch und der Butter durchkochen. Nach und nach den restlichen halben Liter hinzufügen, bis der Reis gar ist. Inzwischen die Kürbiswürfel mit dem Zucker, dem Zitronensaft und wenig Wasser weichkochen, zu einem dicken Brei verrühren und mit dem gekochten Reis vermischen. Vor dem Servieren mit Zucker und Zimt bestreuen.

Kürbispüree mit Zimt

3 Gläser süß-sauer eingelegter Kürbis (etwa 1200 g), 50 g Butter, 50 g Zucker, 1 Teel. Zimt.

Den Kürbis auf einem Sieb abtropfen lassen, den Saft auffangen. Falls der Kürbis sauer ist,

60

kann man ihn kurz kalt abbrausen. Den abgetropften Kürbis pürieren. Die Butter in einem Topf schmelzen lassen, das Kürbispüree dazugeben und vorsichtig erhitzen. Zwischendurch mehrmals umrühren, damit es nicht ansetzt. Falls nötig, ein paar Eßlöffel von der Einlegeflüssigkeit dazugeben. Das Püree mit Zucker und Zimt würzen und heiß servieren. Kürbispüree schmeckt zu allen Fleischgerichten. Während der Kürbiszeit im Herbst sollte es aus frischem Kürbis bereitet werden: Kürbisfleisch in Würfel schneiden, mit wenig Wasser und Salz dünsten, pürieren, dann mit Butter, Zucker, Essig und Zimt vermischen und abschmecken.

Kürbisknödel ————————————

Für den Teig:
350 g Mehl, 30 g Hefe, 250 g Kürbis aus dem Glas, Salz, abgeriebene Schale von ½ Zitrone, 30 g Butter.
Für die Füllung:
60 g Zucker, 1 Eßl. Honig, ½ Teel. Zimt, 3 Eßl. Butter, 25 g Kürbiskerne, 10 g Fett für die Form, 3 Eßl. Milch zum Bestreichen.

Für den Teig das Mehl in eine Schüssel geben, in die Mitte eine Mulde drücken. Hefe in 5 Eß-

61

löffel lauwarmem Wasser auflösen, in die Mulde gießen und zugedeckt 10 Minuten gehen lassen. Kürbis gut abtropfen lassen, pürieren und mit einer Prise Salz, Zitronenschale und der Butter unter das Mehl rühren. Zu einem glatten Teig kneten. Zugedeckt an einem warmen Ort 30 Minuten gehen lassen. Für die Füllung die Zutaten in angegebener Reihenfolge verrühren. Den Teig auf leicht bemehlter Fläche zu einem Rechteck von 24 cm × 18 cm ausrollen, in 9 Stücke schneiden. Die Füllung portionsweise darauf verteilen und den Teig zu Klößen formen. In eine gefettete Auflaufform setzen, nochmals 15 Minuten gehen lassen. Dann bei Mittelhitze im Backofen etwa 40 Minuten backen, zwischendurch mit Milch bepinseln, rechtzeitig abdecken.

⚜ Milchreis mit Kürbiß

Milchreis:
Ein Viertel Kilo (½ Pfd.) gereinigten und mehrere Male gebrühten Reis setzt man mit $\frac{2}{10}$ Liter (1 Quart) Milch und etwas Salz zum Feuer, läßt ihn ankochen und dann etwa ½–¾ Stunde langsam kochen, bis er weich, aber noch körnig ist. Dann rührt man ein wenig Butter und Zukker dazu.

Kürbiß:
Man schneidet den Kürbiß in kleine Stücke, kocht ihn mit Milch, Zucker, Zimmt und Citronenschale zu einem dicken Brei, streicht diesen durch einen Durchschlag und vermischt ihn mit dem bereiteten Milchreis, den man nach dem Anrichten mit Zucker und Zimmt bestreut.

❧ Speisekürbisse, gedünstet

Feste gelbe Zucchi u. dgl. werden zu fingerdicken und doppelt so langen Stückchen geschnitten, in eine Kasserolle gelegt, mit Salz, Pfeffer, Petersilie, Bröseln und Butterstückchen bestreut und unzugedeckt im Rohre stehen gelassen, bis sie weich sind.

❧ Kürbissauce

Man schält Kürbisfleisch in Würfel, kocht sie in $\frac{1}{2}$ Liter Weißwein und $\frac{1}{2}$ Liter Wasser mit 100 g Zucker, etwas Citronenschale, Gewürznelken und ganzem Zimmet weich, streicht die Masse durch ein feines Sieb, setzt 1 Theelöffel Kartoffelmehl zu, das in ein wenig kaltem Wein angerührt worden ist, und kocht die Sauce unter fleißigem Rühren auf.

63

❖ Speisekürbisse als Kaiserrüben zubereitet ————

Auf der Zahnscharbe geschnittene Speisekürbisse salzt man ein, läßt sie eine Stunde stehen, drückt sie dann leicht aus, gibt sie zu in Schmalz angelaufenem Mehl und dünstet sie mit Kümmel, Essig und ein wenig Suppe.

Zucchini-Möhren-Gemüse ————

500 g Möhren, 500 g Zucchini, 30 g Butter oder Margarine, 2 Eßl. Weißwein, Salz, Pfeffer, 1 Eßl. Öl, 1 Knoblauchzehe.

Möhren putzen und waschen. Zucchini waschen, Stielansatz abschneiden. Das Gemüse grob raspeln, mit Küchenpapier trocken tupfen. 20 g der Fettigkeit in einer großen Pfanne erhitzen, Möhren darin unter Rühren kurz braten, Wein angießen und kurz dünsten. Flüssigkeit abgießen, Möhren mit Salz und Pfeffer abschmecken. In einer Schüssel warm stellen. In einer Pfanne das Öl erhitzen, Knoblauchzehe schälen, kleinschneiden und kurz goldraun braten. Knoblauch entfernen. Die restliche Fettigkeit in der Pfanne erhitzen, Zucchini zufügen, unter Rühren braten. Flüssigkeit abgießen,

Zucchini mit Salz und Pfeffer abschmecken. Gemüse soll bißfest sein. Das Gemüse abwechselnd in diagonalen Streifen in einer vorgewärmten Form anrichten und sofort servieren. Salz- oder Pellkartoffeln oder Weißbrot dazu reichen.

Als kräftige Beilage passen Lammkoteletts. Dazu 8 kleine Lammkoteletts in heißem Öl von jeder Seite 3 bis 4 Minuten kräftig braten oder grillen. Mit Salz, Pfeffer und Thymian würzen. Mit Zitronenspalten garnieren.

Statt der Möhren kann auch frischer Kürbis verwendet werden. Dazu braucht man 750 Gramm. Den Kürbis schälen, entkernen, raspeln und kurz dünsten.

Ratatouille

Je 500 g Zucchini, Auberginen, Tomaten, rote und grüne Paprikaschoten, 1 große Zwiebel, 6 Eßl. Öl, Salz, Pfeffer, Basilikum, Rosmarin und Thymian, 2 gehackte Knoblauchzehen.

Das Gemüse waschen. Zucchini und Auberginen in feine Scheiben schneiden. Die Tomaten kurz in heißes Wasser tauchen, häuten und in Viertel schneiden. Die Paprikaschoten halbieren, Kerne und weiße Teile entfernen und in

65

Streifen schneiden. In einem Topf das Öl erhitzen, das Gemüse nacheinander zufügen. Salz, Pfeffer, Kräuter und gehackte Knoblauchzehen dazugeben und alles bei mittlerer Hitze etwa 25 Minuten schmoren. Dazu Weißbrot und Rotwein reichen.

Zucchinigemüse mit Lammkoteletts

750 g Zucchini, 30 g Margarine, 1 Knoblauchzehe, Salz, Thymian, Rosmarin, $\frac{1}{8}$ l Weißwein, 250 g gare Karotten (Konserve), 4 doppelte Lammkoteletts (je 200 g), 20 g Fett, Pfeffer, 1 Bund Petersilie.

Die Zucchini waschen, den Stielansatz abschneiden, die Zucchini in etwa 1 cm dicke Scheiben schneiden. Die Margarine zerlassen, die Zucchini darin andünsten. Die Knoblauchzehe durch die Presse drücken, zum Gemüse geben, dann salzen und mit Thymian und Rosmarin würzen. Den Wein angießen, gut durchrühren, und die Zucchini zugedeckt etwa 20 Minuten dünsten. Inzwischen die Karotten abgießen und kurz vor dem Ende der Garzeit mit den Zucchini heiß werden lassen. Die Lammkoteletts an der Fettseite mehrmals einschneiden, damit sie sich beim Braten nicht wölben. Das Fett ganz heiß werden lassen und die Lammkoteletts darin von jeder Seite 4 bis 5 Minuten braten. Erst nach dem Wenden mit Salz und Pfeffer würzen. Das Gemüse mit gehackter Petersilie bestreuen und mit den Lammkoteletts servieren.

Zucchini
mit Kartoffelnocken

500 g Kartoffeln, Salz, $\frac{1}{4}$ l Milch, 30 g Butter oder Margarine, 150 g Grieß, 1 kg Zucchini, 2 Knoblauchzehen, 3 Eßl. Öl, 2 Eßl. Essig, 1 Teel. Instant-Brühe, frisch gemahlener Pfeffer, Muskat, evtl. 1 bis 2 Eßl. Mehl, Öl zum Fritieren, 50 g Sonnenblumenkerne, 50 g Rosinen.

Kartoffeln waschen, 20 Minuten in Salzwasser kochen, schälen und durchpressen. Heiße Milch und Butter zugeben und aufkochen. Grieß unter Rühren einstreuen. Vom Feuer nehmen und etwa 30 Minuten quellen lassen. Inzwischen die Zucchini waschen, putzen und in Scheiben schneiden. Abgezogene Knoblauchzehen in feinen Scheiben mit den Zucchini in heißem Öl kurz anschmoren. Essig, Brühe und drei Eßlöffel Wasser zugeben. Um-

67

rühren, Pfanne schließen und zehn Minuten garen. Den Kartoffel-Grießbrei mit Salz, Pfeffer und Muskat abschmecken. Mit einem Eßlöffel ovale Klößchen (Nocken) abstechen. Wenn der Teig nicht fest genug ist, noch ein bis zwei Eßlöffel Mehl unterkneten. In heißem Öl fritieren. Warm stellen. Sonnenblumenkerne und Rosinen zum Zucchinigemüse geben. Das ganze in offener Pfanne kochen, bis die Flüssigkeit zu einer dicklichen Soße eingekocht ist. Gemüse mit den Kartoffelnocken anrichten. Nach Belieben Tomatensoße dazu reichen.

Geschmorte Zucchini

3 bis 4 Zucchini, 1 Eßl. Öl, 50 g Zwiebeln, 200 g Tomaten, Salz, Pfeffer, 1 Knoblauchzehe, 2 Eier, 50 g Reibekäse.

Die gewaschenen Zucchini in Scheiben oder Würfel schneiden, dann in Öl mit etwas Wasser und den kleingeschnittenen Zwiebeln dämpfen. Danach die von der Schale befreiten Tomaten dazugeben. Je nach Geschmack mit Salz, Pfeffer und zerdrückter Knoblauchzehe würzen. Zum Schluß die verquirlten Eier unterrühren und Reibekäse darüberstreuen. Das Gericht heiß servieren.

68

❧ Abgeschmalzene Kürbisse

Frühreifen englischen Schmerkürbis mit rötlichem Fleische, reif, aber noch fest abgenommen, oder Spargelkürbis oder italienische Zucchi schneidet man zu fingerlangen und fingerdicken Stückchen. Man siedet diese in gesalzenem Wasser nicht zu weich, gibt angelaufene Brösel mit heißer Butter darüber und serviert sie zu Salami oder dünstet sie noch mit saurem Rahm auf und gibt sie zu gebratenem Rindfleisch.

❧ Zucchetti

Eine kleine Art Kürbisse, welche als Gemüse sehr beliebt sind.

Man bereitet sie zu, indem man sie schält, in viereckige Stücke schneidet, in siedendem Salzwasser aufkocht, abgießt, mit Pfeffer und Salz bestreut und in Butter braun bäckt, um sie nebst geriebenem Parmesankäse aufzugeben. Oder man kocht die ganzen Zucchetti eine Viertelstunde in Salzwasser, schält sie ab, höhlt sie inwendig aus, füllt sie mit einer gutgemischten Farce aus in Milch geweichtem und ausgedrücktem Weißbrot, 70 Gramm geriebenem Käse, zwei frischen und zwei hartgekochten, durchge-

69

strichenen Eidottern, einigen geschälten und feingeschnittenen Mandeln, einer Prise gestoßenen Nelken und einer Prise Salz, dünstet sie dann eine Weile in Butter, bestäubt sie mit Mehl, gießt Fleischbrühe zu und dämpft sie damit vollends weich. Auch schmort man die geschälten, in Stücke geschnittenen Zucchetti häufig in ihrem eigenen Saft weich und ißt sie wie Kartoffeln mit frischer Butter.

Gurkensuppe

2 Zwiebeln, 30 g Butter, 1,5 kg Gemüsegurken, 1 ½ l Fleischbrühe, ¼ l saure Sahne, Salz, Pfeffer, 4 Bratwürste, 2 Bund Dill.

Die geschälten Zwiebeln in Würfel schneiden, in Butter andünsten. Die Gurken schälen, längs halbieren. Die Kerne mit einem Löffel herausnehmen. Gurken in große Stücke schneiden, zu den Zwiebeln geben, kurz andünsten. Brühe und die Hälfte der Sahne zugießen. Mit Salz und Pfeffer würzen, 10 Minuten schmoren. Bratwürste braten, in Stücke schneiden, in die Suppe geben. Suppe abschmecken, den feingeschnittenen Dill untermischen und die restliche Sahne auf das Gemüse geben. Das Gericht heiß servieren.

70

Sahne-Gurken mit Champignons⎯⎯

250 g Champignons, 1 kg Gurken, 30 g Butter, Pfeffer, Salz, ¼ l Schlagsahne, 2 Ecken Schmelzkäse, 2 Eßl. feingeschnittener Dill.

Die Pilze waschen, putzen und halbieren. Die Gurken schälen, längs halbieren, entkernen und in große Würfel schneiden. Butter schmelzen lassen, Pilze drei Minuten darin dünsten, pfeffern. Gurken zufügen, salzen. Alles kurz weiterdünsten. Sahne zugießen und alles 10 Minuten schmoren lassen. Schmelzkäse in Flöckchen zufügen, verrühren und schmelzen lassen. Mit Dill bestreuen. Dazu nach Belieben Reis mit Kräutern auftragen.

⚜ Gurken als Gemüse⎯⎯⎯⎯⎯⎯

Man schält und wäscht Gurken, schneidet sie in Scheiben, legt diese in siedendes Schöpsenfett und kocht sie mit einigen kleingeschnittenen Aepfeln gar; dann setzt man noch etwas Essig und Zucker zu.

71

72

Ein **Kürbis** bittet zu Tisch
– als zarte Garnierung

Überzeugen Sie sich davon, daß der Kürbis nicht nur eine Zierde Ihres Gartens sein kann, sondern daß er auch auf Ihrem Tisch als süße oder pikante Beigabe seine Berechtigung hat, und probieren Sie einmal folgendes aus:

Man schält und putzt den Kürbis, schneidet ihn in viereckige Stücke, übergießt sie mit Essig und läßt sie so 12 Stunden stehen; am folgenden Tage siedet man auf je 1 Kilogramm Kürbis 1 Kilogramm Zucker in $\frac{1}{2}$ Liter Essig klar, schäumt gut ab, thut die Kürbisstücke nebst einer halben Schote Vanille hinein, kocht die Stücke, bis sie durchsichtig aussehen, legt sie in die Gläser, übergießt sie mit dem dicklich eingekochten, erkalteten Essig, bindet die Büchsen gut zu und bewahrt sie auf.

73

Senf-Kürbis mit Zwiebeln

1250 g Kürbis (geschält und vorbereitet), 2 Eßl. Salz, $\frac{1}{2}$ l Weinessig, 125 g Zucker, 1 Stück Meerrettich (30 g), 125 g Zwiebeln, 30 g Senfkörner, 2 Dillblüten.

Den Kürbis in Würfel schneiden, mit Salz bestreut über Nacht stehen lassen. Essig mit $\frac{1}{2}$ Liter Wasser und Zucker aufkochen, die Kürbisstückchen portionsweise darin in 4 bis 5 Minuten glasig kochen. Mit dem Schaumlöffel herausnehmen, abtropfen und abkühlen lassen. Meerrettich und Zwiebeln in dünne Scheiben schneiden. Mit den Kürbisstückchen in Gläser oder Steintöpfe füllen, Senfkörner und Dillblüten dazugeben und mit dem Essigsud begießen. Am nächsten Tag den Sud vorsichtig abgießen, nochmals aufkochen und erkaltet wieder über den Kürbis gießen. Gefäße mit Deckel oder Pergamentpapier verschließen und kühl und dunkel aufbewahren. Paßt gut als Beilage zu allen Gerichten aus der Bratpfanne, besonders gebratenem Fisch, und als Zutat zu gemischten Salaten und pikanten kalten Soßen (Remoulade, Vinaigrette).

Vanille-Kürbis ――――――――――――

1,5 kg Kürbis (geschält), 1 bis 2 Vanilleschoten, 1 l Weinessig, 1 kg Zucker, 100 g Mandeln, Zitronenschale.

Den Kürbis in Würfel oder Streifen schneiden. Vanilleschoten längs aufschlitzen. Den Essig mit Zucker und Vanille kochen, bis sich der Zucker aufgelöst hat. Darin portionsweise den Kürbis glasig dünsten, abtropfen lassen und zusammen mit Mandeln, Vanilleschote und der dünn abgeschälten Zitronenschale in Gläser schichten. Den Essigsud zum Schluß noch einmal 10 Minuten sprudelnd kochen lassen, heiß über die Kürbisstückchen gießen. Gläser gut verschließen. Vanille-Kürbis als Dessert oder zu Milchreis reichen.

Gewürz-Kürbis ――――――――――――

1250 g Kürbis (geschält), 1 l Weinessig, 500 g Zucker, 1 Stange Zimt, 4 Nelken.

Den Kürbis in Würfel schneiden. Essig mit Zucker, Zimt und Nelken kochen, bis sich der Zucker aufgelöst hat. Kürbis portionsweise darin glasig werden lassen. In Gläser schichten, den Sud zum Schluß heiß darüberfüllen. Gläser

75

lose abdecken. Am nächsten Tag den Sud noch einmal aufkochen und diesmal erkaltet über den Kürbis füllen. Gläser verschließen, kühl und dunkel aufbewahren.

Kürbis mit Grapefruit

1 kg festes Kürbisfleisch, 4 Grapefruits, 1 Zitrone, 1 Teel. Ingwer (gemahlen), 1 kg Zucker, $\frac{3}{4}$ l Essig.

Das Kürbisfleisch in 2 cm große Würfel oder Streifen schneiden. Zitronenschale, Ingwer, Zucker und Essig einmal aufkochen und dann das Kürbisfleisch darin 5 Minuten köcheln lassen. Bis zum nächsten Tag ziehen lassen, dann noch einmal 3 Minuten einkochen und anschließend abkühlen lassen. Grapefruits schälen, filetieren und hinzufügen. In Gläser füllen, gut verschließen und kühl aufbewahren.

Kürbis süß-sauer

1 kg festes Kürbisfleisch, $\frac{3}{8}$ l Essig, 750 g Zucker, 1 Zimtstange, 1 Teel. gemahlener Ingwer, 1 Teel. Salz, Zitronenschale.

Kürbisfleisch in 2 cm große Würfel schneiden. Essig, Zucker und Gewürze einmal aufkochen und Kürbiswürfel nacheinander in 4 Portionen

76

jeweils 3 Minuten in Sirup köcheln lassen. Mit einer Siebkelle herausnehmen und in eine Schüssel geben. Zuletzt die Kürbiswürfel mit dem abgekühlten Sirup übergießen und über Nacht stehen lassen. Dann den Sirup abgießen und auf die Hälfte einkochen lassen. Kürbiswürfel in Gläser füllen und erneut mit Sirup übergießen. Gläser gut verschließen und kühl aufbewahren.

Kürbis in „Sauer"—————————————————

4,5 kg Kürbis, 10 g Salz, ¾ l Essig, 30 g Zucker, 1 Teel. Salz, 30 g Senfkörner, 6 bis 8 Lorbeerblätter, 1 Zimtstange.

Den Kürbis zerteilen, entkernen und schälen, dann in mundgerechte Stücke schneiden. Zwei Liter Wasser mit Salz zum Kochen bringen, die Kürbisstücke in mehreren Portionen jeweils fünf Minuten darin garen. Auf einem Sieb abtropfen und erkalten lassen. Den Essig mit ¼ Liter der Kürbisbrühe, Zucker und einem Teelöffel Salz zum Kochen bringen. Die Kürbisstücke mit den Senfkörnern, Lorbeerblättern und der etwas zerkleinerten Zimtstange in ein Gefäß schichten. Mit dem Essigsud übergießen und verschließen, solange der Sud noch heiß

77

ist. Im Keller oder an einem anderen kühlen Platz aufbewahren. Der Kürbis sollte etwa vier Wochen durchziehen, bevor man die erste Portion ißt.

Kürbis-Chutney ─────────────

2 Eßl. Öl, 125 g Zwiebeln, 500 g Kürbis (geschält), 500 g Äpfel, 1 Stückchen frischer Ingwer oder Ingwerpulver, Zitronenschale, 2 Stangen Zimt, 1 Teel. Korianderpulver, 175 g Zukker, 1 Prise Salz.

Das Öl erhitzen und Zwiebelwürfelchen darin goldgelb schmoren. Kürbiswürfel zusammen mit den geschälten, vom Kernhaus befreiten und grob zerkleinerten Äpfeln zu den Zwiebeln geben. Ingwerwurzel, geschält und in Scheibchen, Zitronenschale, dünn abgeschält, Zimt, Koriander, Zucker und Salz dazugeben. Alles zusammen bei milder Hitze etwa 30 Minuten schmoren lassen. Dabei häufig umrühren. Die Äpfel sollen zerfallen, der Kürbis noch bißfest sein, Zitronenschale und Zimtstangen entfernen. Das Chutney heiß in Gläser füllen und kühl aufbewahren.
Das Chutney paßt gut zu warmen und kalten Fisch-, Fleisch- und Wildgerichten.

78

❧ Mit Zucker eingekochte Kürbisspalten

Von reifen, aber festen Zucchi, Spargel- oder Melonenkürbissen oder anderen Kürbisgattungen mit gelbem Fleisch schneidet man Spalten und überkocht sie mit Wasser, bis man sie leicht durchstechen kann, gibt sie dann in kaltes Wasser und läßt sie hierauf auf einem Sieb abtropfen. Indessen kocht man Zucker (ein Kilo für ein Kilo rohe Spalten) mit Gewürznelken und Limonenschalen auf. Dann überkocht man die Spalten mit dem kochenden Zucker, läßt sie erkalten und bedeckt sie mit Fließpapier. In den folgenden Tagen wird der Zucker noch zwei- oder dreimal abgegossen, aufgekocht und heiß über die Spalten gegeben. Zuletzt kocht man die Spalten mit dem Zucker auf, läßt sie auskühlen, gibt sie in Gläser und verbindet diese gut.

Mit Essig eingekocht

Man überkocht die Kürbisspalten mit Wasser, in das man ein wenig Salz gegeben hat, und läßt sie in kaltem Wasser auskühlen und dann abtropfen. Indessen siedet man für je ein Kilo Kürbisspalten ein Kilo Zucker mit 7 Deziliter

79

Wasser und 4 Deziliter Weinessig und läßt ein Stück Zimtrinde und Limonenschalen mitkochen. Hierauf gibt man die Spalten in den Zukker, kocht sie weich und läßt sie mit dem Zukker in einer Schüssel 3 Tage stehen. Dann nimmt man sie heraus, legt sie in Gläser, kocht den Zuckersaft dick ein, läßt ihn erkalten, gibt ihn über die Spalten und verbindet die Gläser.

❧ Kürbis in Limonensaft

Man reibt 1½ Kilo Zucker an 2 Limonen ab und kocht ihn dann mit ein wenig Wasser bis zum Spinnen. Indessen schneidet man ein Kilo Kürbisfleisch in fingerdicke Stückchen, steckt in den dritten Teil der Stückchen je eine Gewürznelke und ein kleines Stück Zimt und gibt über alle den klaren Saft von 5 oder 6 Limonen. Dann kocht man die Kürbisstückchen mit dem Zucker und einem Glase Wein, bis sie durchsichtig sind, läßt sie auskühlen, gibt sie in Gläser und verbindet diese gut.

❧ Kürbis auf andere Art

Man schält den Kürbis, sticht das Kernhaus heraus, schneidet kleine Stückchen oder mit dem Kartoffelausstecher kleine Kugeln, und legt sie

80

1 Tag in kalten Essig; dann nimmt man sie heraus, und kocht sie in geläutertem Zucker, 375 Gramm auf 500 Gramm Frucht, thut fein geschnittene Zitronenschale, die man vorher in Wasser weichkocht, hinzu, einige kleine Stückchen Ingwer, Zimt und den Saft von 2 Zitronen, nimmt den Kürbis, wenn er gläsern wird, heraus, kocht den Saft dick ein und gießt ihn über den Kürbis.

❧ Kürbis als Ingwer einzumachen _____

1 kg Kürbis, 1 kg Zucker, 5 g pulverisierten Ingwer, 3 g weißen Pfeffer.

Der Kürbis wird geschält durchgeschnitten und das Kernhaus herausgemacht. Dann schneide man den Kürbis in Stücke oder steche mit dem Kartoffelausstecher kleine Kugeln aus, und lasse sie in kochendem Wasser einigemale aufwallen. Nachdem das Wasser durch ein Sieb abgelaufen, lege man den Kürbis in eine Porzellanschüssel, streue den klaren Zucker, den Pfeffer und Ingwer darüber, decke die Schüssel zu, und lasse sie einen Tag stehen. Den anderen Tag koche man den Saft auf und lasse den Kürbis eine Weile darin kochen, bis er gläsern wird, aber nicht weich. Darauf fülle man ihn in Töpfe oder Gläser, koche den Saft dick ein und gieße ihn darüber. Sollte er nach einigen Tagen sich wieder verdünnen, so gieße man ihn von dem Kürbis ab und koche ihn nochmals dick ein.

❧ Kürbis in Dunst

Die Kürbisse werden geschält und nach Herausnahme des Kerngehäuses feinnudelig geschabt. Dann werden sie mit etwas Einlegeessig vermischt (nur ganz leicht gesäuert), in die Gläser gefüllt und 20 Minuten in Dunst gekocht.

❧ Süßsauren Kürbis einmachen

1 ½ Kilogramm vorbereiteter Kürbis, 3 Liter Essig, 500 Gramm Honig, ¾ Liter Wasser, die Schale von einer halben Zitrone, 1 Stück Ingwer, 1 Stück Zimt, 4 Nelken (im Mullbeutel), weißes Papier, 1 Eßlöffel Rum.

Den geschälten, von den Kernen sowie von allen weichen Teilen befreiten Kürbis schneidet man in Streifen oder sticht ihn mit dem Kartoffelbohrer zu Kugeln aus und übergießt ihn mit leichtem Essig, so daß er ganz davon bedeckt ist. Am zweiten Tag kocht man frischen Essig mit Wasser und läßt den Gewürzbeutel mitkochen. Den inzwischen auf einem Durchschlag abgelaufenen Kürbis kocht man in der Mischung weich. Man nimmt ihn dann mit dem Schaumlöffel heraus, kocht den Saft ein und gießt ihn erkaltet ohne Gewürz über die in Gläser oder in einem Topf gepackten Kürbisstücke, die man mit Papier überdeckt. Man schließt die Gefäße nach Vorschrift.

❧ Eingebrannter Kürbis ⸻⸻⸻⸻

Kürbisse werden abgenommen, wenn man ihre Schale noch leicht mit dem Fingernagel durchstechen kann, was der Fall ist, wenn sie halbreif sind. Kürbisse schneidet man mit der Zahnscharbe, siedet sie wie die Rüben mit Kümmel, Salz und Essig und gibt sie in lichte Einmach.

❧ Kürbissprossen ⸻⸻⸻⸻⸻

Man kann dieselben als Gemüse verwenden. Man zerschneidet sie, wenn sie noch jung und zart sind, in kleine Stücke, kocht dieselben in Wasser weich, und richtet sie mit Fleischbrühe an. Auch gebleicht und gesalzt, oder in Oel gebacken, geben sie ein gutes Gericht.

84

Ein **Kürbis** bittet zu Tisch
– als Torte zum Kaffee

Nachdem der Kürbis sich nun hoffentlich endgültig den ihm gebührenden Platz in der Küche erobert hat, empfiehlt er sich mit einem alten Rezept für einen Kürbiskuchen:
Der geschälte und zerschnittene Kürbis wird in Wasser weichgekocht, ausgedrückt, durch ein Sieb gerieben und mit Milch oder Rahm und etwas Salz und Zucker zu einem dicken Brei verrührt, den man in einer Schüssel auskühlen läßt; nachdem dies geschehen, mischt man vier Eier, 125 Gramm geschälte und gestoßene süße

85

und einige bittere Mandeln, die abgeriebene Schale einer Citrone, noch einige Löffel Zucker und einen Löffel Zimt darunter, streicht diese Mischung dick auf einen ausgerollten Kuchen von Hefeteig oder Butterteig und bäckt den Kuchen eine halbe Stunde bis drei Viertelstunden bei mäßiger Hitze. – Eine andere Art Kürbiskuchen, die in Frankreich sehr beliebt ist, wird in folgender Weise hergestellt: Ein in viereckige Stücke geschnittener Kürbis wird in Wasser weichgekocht, abgetropft und durch ein Sieb gerieben, worauf man den Brei in 125 Gramm Butter über dem Feuer verrührt und einige Löffel Zucker sowie einen gehäuften Eßlöffel in kalter Milch zerquirltes Kartoffelmehl hinzumischt. Man läßt den Brei auskühlen, thut 4 Eier, 125 Gramm geschälte und gestoßene süße nebst etlichen bittern Mandeln, einen Eßlöffel Orangenblütenwasser und eine kleine Prise Salz nebst dem Schnee der Eiweiße darunter, füllt die Masse in eine butterbestrichene glatte runde Blechform, stellt sie auf einen Dreifuß über glühende Holzkohlen, belegt den Deckel ebenfalls mit glühenden Kohlen und läßt den Kuchen so eine Stunde langsam backen, stürzt ihn aus und serviert ihn mit einer Rahm- oder Wein-Sauce.

86

Rahm-Soße

½ Liter Rahm wird mit 90 Gr. Zucker und etwas kleingeschnittener Vanille zum Kochen gebracht und nach einmaligem Aufkochen zugedeckt beiseite gestellt; hierauf quirlt man einen halben Eßlöffel feines Mehl und vier Eidotter in etwas kaltem Rahm glatt, gießt den durchgeseihten, ausgekühlten Vanillerahm nach und nach zu und rührt alles langsam über gelindem Feuer ab, bis die Sauce beinahe zum Kochen kommt, wonach man sie rasch vom Feuer nimmt.

Kürbistorte mit Zimt und Ingwer

Für den Teig:
200 g Mehl, 100 g Butterschmalz oder Kokosfett, 1 Eßl. Zucker, 1 Prise Salz.

Für den Belag:
300 g Kürbisfleisch, Salz, 2 Eßl. Essig, 40 g Butter, 100 g Zucker, 2 Eier, je ¼ Teel. Zimt und Ingwerpulver, 1 Eßl. Stärkemehl.

Mehl und Schmalz mit den Händen zerkrümeln, bis sich gleichmäßig feine Streusel ergeben. Zucker, Salz und 3 Eßlöffel kaltes Wasser darüber verteilen. Den Teig mit den Händen zusammenkneten und zu einer Kugel formen. Ausrollen. Eine Springform mit dem Teig auslegen. Einen drei Zentimeter hohen Rand formen. Zugedeckt eine halbe Stunde in den Kühlschrank stellen. Den Kürbis schälen, in Würfel schneiden und in wenig Wasser mit Salz und Essig 15 Minuten dünsten. Abtropfen lassen und pürieren. Für den Belag Butter und Zucker schaumig rühren. Eier trennen, Eigelb unter die Butter rühren, Zimt und Ingwer zufügen. Stärkemehl und Kürbismus unter die Krem rühren. Die Springform in die kalte Backröhre schieben und bei Mittelhitze den Boden etwa 20 Minuten backen. Eiweiß zu steifem Schnee schlagen, unter die Füllung heben. Auf den Teigboden gießen. Noch etwa 30 Minuten bakken. Warm oder kalt servieren.

❧ Melonentorte

Man schält eine Melone, nimmt das Kernhaus heraus, schneidet sie in Stücke und kocht diese in Weißwein weich; dann reibt man sie mit feingestoßenem Zwieback, Zucker und Zimmet zu Brei, läßt denselben verkühlen, rollt Butterteig messerrückendick aus, schneidet daraus 2 dünne Blätter und bestreicht dieselben mit Eiweiß. Das eine Blatt wird auf ein Tortenblech gelegt, Brei darauf gestrichen, das andere Blatt darüber gelegt, die Torte mit gequirltem Ei überstrichen, mit Zucker bestreut und gebakken.

Hefen-Butterteig

Nachdem man 30 Gramm Hefe in etwas gezukkerter Milch aufgelöst hat, verarbeitet man sie mit 350 Gramm Mehl, 30 Gramm Butter, drei Eidottern, einer Prise Salz, ein wenig abgeriebener Citronenschale und einer reichlichen Obertasse lauwarmer Milch zu einem weichen zarten Teig, den man tüchtig durchknetet, bis er Blasen wirft, wonach man ihn eine gute Viertelstunde aufgehen läßt. Dann treibt man ihn auf und belegt ihn mit 250 Gramm harter, in Scheiben geschnittener Butter, die man mit etwas Mehl durchknetet hat, schlägt den Teig zusammen und wiederholt das Auftreiben und Zusammenschlagen dreimal.

90

Ein **Kürbis** bittet zu Tisch
– mit Tips und bunten Versen

Lydia, die liebliche persische Königstochter, verliebte sich einst in einen schönen jungen Prinzen. Doch dieser junge Mann kehrte jahrelang nicht von wilden Abenteuerfahrten zurück. Schließlich starb die Königstochter vor Gram. Die Götter aber hatten Mitleid mit ihr, verbannten sie nicht ins Totenreich, sondern verwandelten sie in einen Kürbis mit vielen zierlichen Ranken.

So, heißt es, wurde der Kürbis geboren. Da es aber inzwischen so viele Kürbisarten gibt, weiß man nicht mehr, wo sich die echte Königstochter versteckt hält.

Wer sie findet, erlöse sie schnell mit einem Kuß.

91

❧ Gurkenschale _____

Aus reifen Gurken nimmt man die Kerne; die Schale mit dem innern weichen Theile wird an der Sonne getrocknet und aufbewahrt. Sie ist ein gutes Mittel gegen erfrorene Glieder. Zum Gebrauch erweicht man sie in Wasser und legt sie mit der innern Seite auf den Frostschaden. Es soll Wunder wirken.

❧ Kürbiskerne _____

Von den Hülsen befreit, gereinigt und geschlagen, liefern 15 kg 8–10 Liter fettes, dickflüssiges Oel, welches ein vorzügliches Heilmittel bei allen Wunden ist und, mit Rüböl vermischt, auch als Speiseöl verwendet werden kann.
Rüböl: Nicht trocknendes, fettes, aus Raps und Rüben dargestelltes Oel.

Zum Einlegen von pikantem Kürbis, von Gurken oder Melonen eignen sich verschließbare Gläser und Steinguttöpfe, die natürlich weder Risse noch Sprünge haben dürfen. Alle Gefäße müssen peinlich sauber und fettfrei sein.
Und zum Einlegen sind nur die besten Früchte gut genug, denn ein beschädigtes Stück kann den ganzen Inhalt verderben.

92

Etwas Kürbis täglich,
keine Krankheit quält dich.

Auch ein geschickter Koch kann
keine Kürbissuppe ohne Kürbis machen.

Wenn ich den Appetit verliere,
verliere ich den Verstand.

Lukull

Abwechslung in den Speisen
mehrt den Appetit.

Sprichwort

Phantasie und Liebe sind gute Gewürze.

Wenn es am besten schmeckt,
verläßt man ungern die Tafel.

sorbisch

Kürbisse mit Liebe schmecken besser
als Braten mit Zank.

Wenn du ein gutes Weib
und eine würzige Kürbissuppe hast,
suche nichts weiteres.

93

Rezeptverzeichnis

Blütensuppe 49

Gewürz-Kürbis 75
Gurken als Gemüse 71
Gurken, gefüllte I 41
Gurken, gefüllte II 44
Gurkensalat mit Lauchzwiebeln 17
Gurkensalat mit Sahne 18
Gurkenschale 92
Gurkensuppe 70

Kürbis, als Ingwer einzumachen 81
Kürbis-Apfel-Sapekanka 29
Kürbis auf andere Art 80
Kürbisauflauf 24
Kürbisauflauf mit Birnen 25
Kürbis auf österreichische Art 58
Kürbisbrei 59
Kürbis-Chutney 78
Kürbis, eingebrannter 83
Kürbiseintopf mit Petersilie 55
Kürbis-Fleisch-Eintopf 48
Kürbis, fritierter 27
Kürbis, gebacken als Mehlspeise 32
Kürbis, gebacken, auf englische Art 31
Kürbis, gebacken, auf französische Art 32

Kürbis, gebratener, in Milchsoße 27
Kürbis, gefüllter 36
Kürbis, gefüllter, mit Knoblauch 39
Kürbisgemüse auf ungarische Art 57
Kürbisgemüse mit Dill 54
Kürbisgemüse mit Senfsahne 53
Kürbisgulasch 56
Kürbis in Dunst 82
Kürbis in Limonensaft 80
Kürbis in Sahne 58
Kürbis in „Sauer" 77
Kürbis-Kartoffel-Suppe 48
Kürbiskerne 92
Kürbisknödel 61
Kürbiskraut 59
Kürbis mit Grapefruit 76
Kürbis mit Paprika 37
Kürbis mit Risotto 36
Kürbis mit Salbei-Zwiebel-Füllung 38
Kürbis-Möhren-Gemüse 53
Kürbisomelett 22
Kürbis, panierter 24
Kürbis-Pizza 23
Kürbispudding 30
Kürbispudding auf andere Manier 30
Kürbispuffer 22
Kürbispüree mit Zimt 60

94

Kürbisreis 60
Kürbissalat 14
Kürbissauce 63
Kürbisse, abgeschmalzene 69
Kürbisspalten, gegrillte 28
Kürbisspalten, mit Essig eingekochte 79
Kürbisspalten, mit Zucker eingekochte 79
Kürbissprossen 83
Kürbissuppe 50
Kürbissuppe der englischen Küche 51
Kürbissuppe, gelbe 51
Kürbis süß-sauer 76
Kürbis, süß-sauer eingemacht 82
Kürbistopf 56
Kürbistopf mit Kartoffeln 52
Kürbistopf mit Kräutern 52
Kürbistorte mit Zimt und Ingwer 87
Kürbis, überbackener 26
Kürbis, überbackener mit Fleisch 26
Kürbiswasser 50

Melonen, gefüllte 45
Melonen mit Rettich und Pfefferschotensoße 17
Melonen in Zucker 19
Melonensalat 16
Melonen mit Speck 16
Melonentorte 88
Milchreis mit Kürbis 62

Patisson mit Hackfleisch 42

Ratatouille 65

Salat aus sauren Gurken 18
Sahne-Gurken mit Champignons 71
Senf-Kürbis mit Zwiebeln 74
Speisekürbisse, als Kaiserrüben 64
Speisekürbisse, gedünstet 63

Turban mit Porree 40

Vanille-Kürbis 75

Zucchetti 69
Zucchini, gefüllte 43
Zucchinigemüse mit Lammkoteletts 66
Zucchini, geschmorte 68
Zucchini-Melonen-Salat 15
Zucchini mit Kartoffelnokken 67
Zucchini-Möhren-Gemüse 64
Zucchini „Pikanta" 43
Zucchini-Salat 15
Zucchini-Salat mit Schnittlauch 14
Zucchini, überbackene mit Hackfleisch 33

95

Quellen

Die süddeutsche Küche für Anfängerinnen und
praktische Köchinnen, zusammengestellt
von Katharina Prato (Edle von Scheiger)
Graz und Wien 1919
Haus und Herd, praktisches, illustriertes
Kochbuch zur verständigen Führung der Wirt-
schaft in allen ihren Zweigen
von M.v. Redelien
Riga 1913
Illustriertes Kochbuch für bürgerliche
Haushaltungen, wie auch für die feine Küche
von L. Kurth
Leipzig 1901
Neuzeitliche Hauswirtschaft von
Dr. M. O. Schramm,
Verlag Parcus & Co., München
Universal-Lexikon der Kochkunst in 2 Bänden
Leipzig o. J.
Unterricht für ein junges Frauenzimmer,
das Küche und Haushaltung selbst besorgen
will, aus eigener Erfahrung ertheilt von einer
Hausmutter.
Magdeburg 1795

96